AF534112

playmobil®

THiLO

Abenteuer Amazonas

Ein Baumhaus voller Tierkinder

Mit Illustrationen von
Corinna Jegelka

SCHNEIDERBUCH

1. Auflage 2024
Originalausgabe

Einband und Illustrationen: Corinna Jegelka
Umschlaggestaltung: Frauke Schneider
Gesetzt aus der Kievit OT
Druck und Bindung: Drukarnia Dimograf Sp. z o.o.
Printed in Poland · ISBN 978-3-505-15145-3

www.schneiderbuch.de
Facebook: facebook.de/schneiderbuch
Instagram: @schneiderbuchverlag

Inhalt

Familie Palmer

Matteo da Silva führt eine Tierauffangstation mitten am Amazonas. Die Palmers helfen ihm dabei.

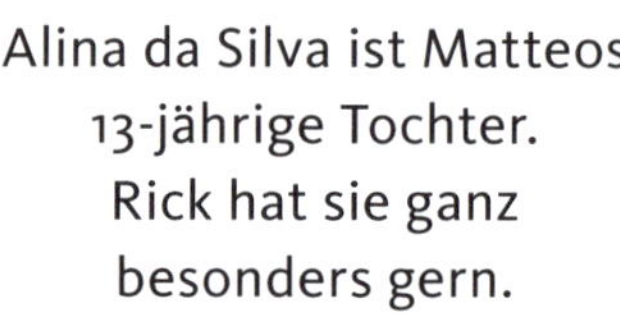

Alina da Silva ist Matteos 13-jährige Tochter. Rick hat sie ganz besonders gern.

Amaru lebt in einem Dorf am Amazonas, er kennt sich bestens mit dem Lebensraum des Dschungels aus.

Magaly ist Amarus Tochter und eine neue gute Freundin von Liv.

UND IHRE FREUNDE

Jamie Palmer ist der Papa von Liv und Lu und Stiefvater von Rick. Als Tierarzt hilft er jedem Tier, das ihn braucht.

Sofia Palmer ist die Mutter von Rick, Liv und Lu und bereist aufgrund ihrer Arbeit die ganze Welt, um die Natur und Tiere zu erforschen.

Rick Palmer, 14 Jahre alt, ist Sofias Sohn aus erster Ehe und ein absolutes Technikgenie.

Lu Palmer, 4 Jahre alt und ein Wirbelwind. Tierkinder haben einen ganz besonderen Platz in ihrem Herzen.

Liv Palmer, 9 Jahre alt, liebt Bücher, Ordnung, die Natur und das Abenteuer.

Kapitel 1
Besuch am Morgen

Liv Palmer wachte auf, weil ihr etwas am Fuß kitzelte. Gerade war sie noch im Land der Träume unterwegs gewesen. Nun brauchte sie einen Moment, um sich zurechtzufinden.

Liv war nicht in ihrem Zimmer in Punta Arenas, Chile. Sie lag oben auf einem doppelstöckigen Bett – in einem bunten Baumhaus. Unter ihr schlief ihre kleine Schwester Lu. Ihr Halbbruder Rick verbrachte die Nächte lieber draußen in seiner Hängematte.

Seit zwei Wochen war die Palmer-Familie schon am Amazonas, dem größten und längsten Fluss Südamerikas.

Livs Mutter Sofia nahm hier Luft- und Wasserproben. Die Ergebnisse trug sie in endlose Tabellen ein. Das gehörte zu ihrer Arbeit, für die die Palmers ständig um die ganze Welt reisten. So was von cool! Nur manchmal vermisste Liv die Ruhe und Ordnung ihrer Wohnung, ihr eigenes Zimmer und vor allem ihre 113 Bücher. In ihr Reisegepäck hatten nur drei gepasst und die hatte Liv bereits alle doppelt gelesen.

Sofia hatten sie auch den Aufenthalt hier im Dschungel zu verdanken. Oder besser, ihrem Freund Doktor Matteo da Silva. Er leitete hier eine Tierpflegestation direkt am Flussufer. Wie Livs Vater Jamie Palmer war Doktor da Silva Tierarzt und machte jedes Tier gesund, egal, ob Kaiman oder Papagei. »Man soll ja so wenig wie möglich in die Tierwelt eingreifen«, erklärte er Besuchern immer wieder. »Aber durch die Gefährdung so vieler Tierarten ist das heutzutage wichtiger denn je. Wir müssen uns um jedes Tier kümmern.« Und weil er wirklich jedem verletzten Tier half, das er fand, war die Station rappelvoll und Matteo da Silva rund um die Uhr beschäftigt. Livs Dad Jamie half ihm nun beim Verarzten, damit alle Tiere so schnell wie möglich wieder in die Freiheit entlassen werden konnten. Das war eine tolle Aufgabe und Liv war sehr stolz auf ihren Vater.

Liv rollte sich noch einmal auf die Seite. Doch an Schlaf war nicht mehr zu denken. All die trubeligen Geräusche des Dschungels drangen durch das offene Fenster herein. Brüllaffen brüllten, Ochsenfrösche quakten, Tukane klapperten mit ihren Schnäbeln und irgendwo fauchte sogar eine Raubkatze. Es roch nach unbekannten Blumen und Früchten.

Und außerdem ... kitzelte Liv schon wieder etwas am Fuß!

»Lu, hör sofort auf damit!«, kicherte Liv. Doch als sie sich im Bett aufsetzte, sah sie einen haarigen Arm. Der gehörte eindeutig nicht ihrer Schwester.

Nur zwei Herzschläge später erschien der Kopf von Carlo, dem kleinen Affen, über der Matratze. Mit seinen langen Fingern kitzelte er Liv zum dritten Mal. Liv zog ihren Fuß zurück

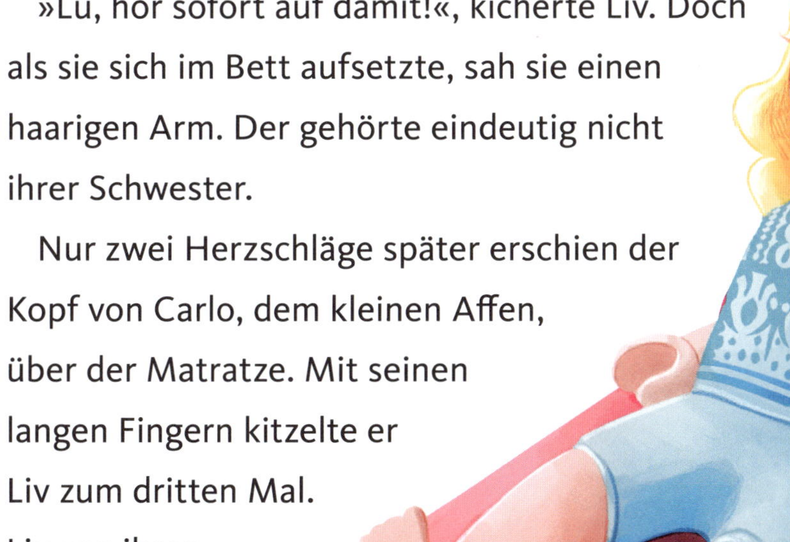

und schaute streng zu Carlo. So ganz gelingen wollte ihr die ernste Miene aber nicht, und sie fing an zu lächeln. Carlo hüpfte und kreischte daraufhin begeistert los. Beinahe hörte es sich wie ein Lachen an.

»Carlo!«, schimpfte Liv ein wenig mit dem Frechdachs. »Du sollst doch nicht im Baumhaus herumturnen.«

Aber dann fing Liv doch an zu lachen. Carlo war einfach zu drollig. Doktor Matteo da Silva hatte den Affen nahe der Station mit einem gebrochenen Bein gefunden. Nun ging es ihm langsam besser, wie Carlo mit seinen Klettereien bewies. Aber alleine im Dschungel überleben konnte er noch nicht wieder. Ein paar Wochen musste Carlo noch in der Station bleiben. Sehr zur Freude Livs kleiner Schwester Lu, die in den kleinen Affen regelrecht verliebt war.

»Wie wäre es, wenn du jetzt Lu weckst«,

schlug Liv ihm vor. Sie beugte sich über die Bettkante und lugte in das Bett unter ihr. Doch da war nur eine zerknüddelte Decke und ein Kissen – keine Lu.

»Wo steckt sie denn?«, wunderte Liv sich. Dabei kannte sie die Antwort bereits. Lu war mit tausendprozentiger Sicherheit bei den anderen Tierkindern, die Doktor da Silva in einem eigenen Bereich neben der Station untergebracht hatte. Liv musste an den kleinen Tapir denken. Matteo hatten ihn Gilberto getauft. Doch Lu bestand mittlerweile darauf, dass sein wirklicher Name Flecki wäre, wegen der lustigen Punkte auf seinem Fell. Liv jedoch gefiel der Name Gilberto sehr gut. Wie es ihm wohl ging? Zeit für Liv, es herauszufinden.

Sie stieg aus dem Bett, putzte sich die Zähne und kletterte die Leiter des Baumhauses hinunter. Auch Rick war längst wach. Vielleicht hatte Carlo auch ihn wachgekitzelt? Gerade war ihr Bruder dabei, sein neues Solarpanel nach der Sonne auszurichten. Ihr Dad hatte es ihm vor der Abreise

geschenkt. So konnte Rick seinen eigenen sauberen Strom produzieren, damit sein geliebter Laptop, die Kamera und das Handy auch im Dschungel immer einsatzbereit waren.

»Guten Morgen, Schwesterherz«, murmelte Rick beschäftigt. »Hilfst du mir mal mit der Batterie?«

Gemeinsam trugen sie den schweren Akku ein paar Meter weiter in den Schatten. Ein bunt gefiederter Kolibri schwirrte um sie herum. Der kleine Vogel bemerkte aber schnell, dass Liv und Rick keine Blumen waren und flatterte flink davon.

»Kommst du mit zu Gilberto?«, fragte Liv ihren Bruder.

Rick grinste. »Du meinst Flecki? Nein, ich will gleich auf den Forschungsturm klettern. Irgendwo muss ich doch Netz haben. Wie soll ich sonst die neusten Filme für meinen Blog hochladen?«

Liv nickte nur. Rick liebte Technik über alles – und Tiere. So drehte er überall auf ihren Reisen Videos. Im Internet hatte er sogar einen eigenen Kanal, dem viele Menschen folgten. Darin war Rick echt gut. Trotzdem, Liv gefielen Bücher besser ...

Liv schlenderte an der Pflegestation vorbei. Schon von Weitem hörte sie ihre Schwester vor Vergnügen kreischen. Der kleine Tapir fraß ihr aus der Hand.

»Hihi, das kitzelt«, kicherte Lu.

Ihr Vater Jamie hatte dem kleinen Tapir einen hohen Kragen um den Hals gelegt, damit er nicht an seiner Wunde herumleckte. Orangenscheiben schmeckten ihm aber offenbar sowieso besser.

»Wie geht es Gilberto?«, erkundigte sich Liv.

»Er heißt jetzt Flecki!«, antwortet Lu empört und funkelte ihre Schwester an. »Nur weil du neun bist und ich vier, bist du nicht die Bestimmerin, Liv! Und Flecki geht es wunderbar.«

Da zumindest gab Liv ihr recht.

»Guten Morgen, ihr zwei!«, ertönte eine tiefe Stimme hinter den beiden Schwestern. Doktor Matteo da Silva lächelte ihnen zu und beugte sich über den Zaun des Pflegegeheges. »Wie geht es meinem Patienten heute?«

Die Mutter von Flecki-Gilberto antwortete mit einem fröhlichen Pfeifen, als hätte sie die Frage verstanden.

»Es ist toll, dass ihr zwei euch um ihn kümmert«, lobte der Tierarzt. »Aber vergesst nicht, Tapire sind eigentlich sehr scheu, und das ist auch gut so. Sie sollen sich nicht zu sehr an Menschen gewöhnen. Also: Ende der Besuchszeit!«

Lu ließ enttäuscht den Kopf hängen. »Dürfen wir wenigstens noch ein bisschen zu dem Ameisenbärenbaby?«, bettelte sie. »Das Kleine ist doch nicht krank, nur seine Mutter.«

Matteo da Silva schüttelte den Kopf. »Die Mutter war ziemlich krank und das schon sehr lange. Unser kleines Ameisenbärbaby Louise ist ja sogar hier in der Station geboren. Bald jedoch hat die Mama es geschafft und wir können die beiden wieder auswildern. Deshalb lassen wir sie besser in Ruhe. Aber ich drehe nun meine tägliche Runde durch den Dschungel«, verkündete er. »Habt ihr Lust, mitzukommen?«

Augenblicklich hellte sich Lus Gesicht wieder auf. Und auch Liv freute sich auf einen Ausflug durch den Regenwald. Das war immer etwas Besonderes!

»Klar, da fragst du noch?«, riefen beide wie aus einem Munde.

Kurz darauf hüpften die Schwestern neben Matteo her zu seinem Quad.

Kapitel 2

Fahrt durch den Dschungel

Bevor die Fahrt durch den Urwald losgehen konnte, besuchten Liv und Lu noch schnell ihren Vater. So war es abgesprochen. Wenn einer der jungen Palmers das Camp verlassen wollte, musste er sich bei den Eltern abmelden. Hier am Amazonas gab es jede Menge wilde Tiere, an Land und im Wasser, wie Jaguare, Piranhas und auch die eine oder andere Spinne – zu Livs großem Leid. Vor lauter Begeisterung über die hübschen Pflanzen und bunten Käfer konnte man sich schnell verirren oder sonst wie in Gefahr geraten.

Das wussten die Palmer-Kinder ganz genau. Auch wenn Lu das nicht so recht einsehen wollte, hielt sie sich doch an diese Regel.

Die beiden Schwestern fanden ihren Vater im Krankenzimmer der Pflegestation. Gerade legte er einem Reiher einen Verband an. Der große Vogel wehrte sich nur wenig. Er schien zu verstehen, dass der seltsame Zweibeiner ihm helfen wollte.

»So, mein Guter«, sagte Jamie Palmer. »In ein bis zwei Wochen kannst du wieder auf die Jagd gehen. Bis dahin bekommst du dein Futter von uns.«

Der Tierarzt hob den Reiher vom Behandlungstisch. Auf seinen langen dürren Beinen stakste der Vogel gackernd davon.

»Guten Morgen, meine Süßen«, begrüßte Jamie seine Kinder. »Habt ihr auch einen verletzten Flügel?«

Lu rümpfte verwundert die Nase, Liv schüttelte den Kopf.

»Nein, bei uns ist keine einzige Feder gekrümmt«, antwortete sie grinsend. »Matteo nimmt uns mit auf seine tägliche Runde. Sagst du Mamá Bescheid, wo wir sind?«

Jamie nickte. »Klar, wenn ich sie vor euch sehe. Sofia ist selbst seit den frühen Morgenstunden unterwegs«, verriet er. »Mein Darling wollte vor dem Mittag noch ein paar Luftmessungen machen.«

Lu drehte sich auf der Stelle um und sprang hinter dem

staksenden Reiher her nach draußen. »Okay. Wir grüßen sie von dir, wenn wir sie treffen, Dad. Komm schon, Liv, los geht's«, rief sie. Und weg war sie.

Jamie seufzte. »Pass bitte ein bisschen auf Lu auf, ja?«, sagte er zum Abschied an Liv gewandt.

Die schmunzelte nur. »Ich gebe mein Bestes, aber versprechen tu ich bei dieser Chaos-Meisterin gar nichts.«

Da erklang die Hupe von Matteos Quad. Liv gab ihrem Vater einen Kuss auf die Wange und eilte nach draußen.

Lu hockte bereits auf der Motorhaube und spielte mit dem Abschlepphaken. Matteo winkte Rick zu sich, der gerade in Richtung Forschungsturm wollte.

»Lust auf eine Tour?«, rief Matteo ihm zu.

Rick schüttelte den Kopf.

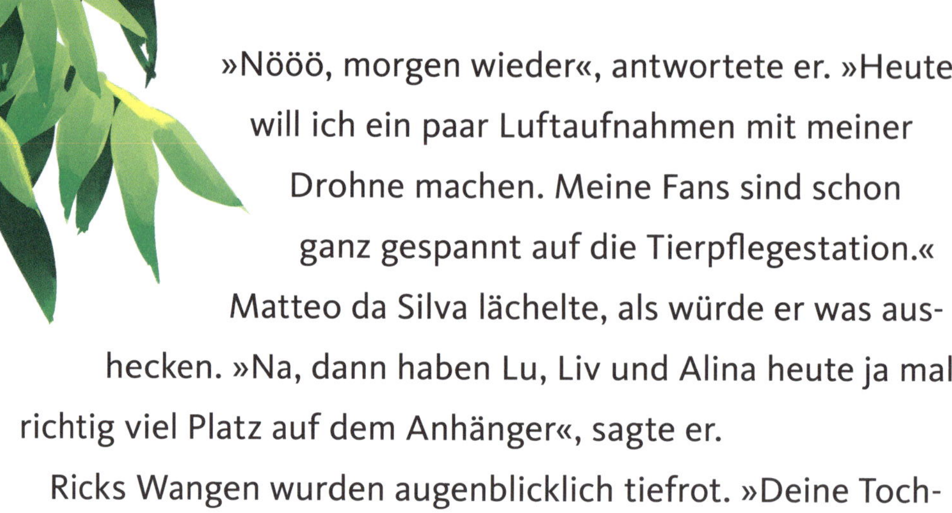

»Nööö, morgen wieder«, antwortete er. »Heute will ich ein paar Luftaufnahmen mit meiner Drohne machen. Meine Fans sind schon ganz gespannt auf die Tierpflegestation.«

Matteo da Silva lächelte, als würde er was aushecken. »Na, dann haben Lu, Liv und Alina heute ja mal richtig viel Platz auf dem Anhänger«, sagte er.

Ricks Wangen wurden augenblicklich tiefrot. »Deine Tochter, ähm, Alina fährt auch mit?«, stammelte er. »Hmmmm, also wenn ich es mir richtig überlege, wäre ein neues Dschungel-Video viel spannender.«

Sofort rannte Rick davon und kehrte kurz darauf mit seinem Geräte-Koffer zurück. Alina kam nun auch um die Ecke. Sie war genauso groß wie Rick, aber ein Jahr jünger, nämlich dreizehn.

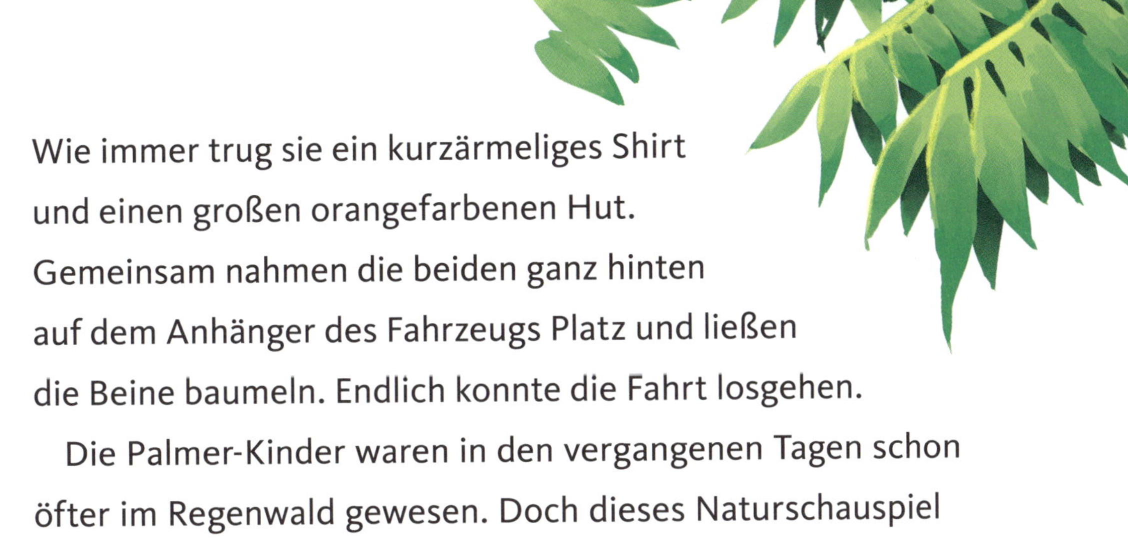

Wie immer trug sie ein kurzärmeliges Shirt und einen großen orangefarbenen Hut. Gemeinsam nahmen die beiden ganz hinten auf dem Anhänger des Fahrzeugs Platz und ließen die Beine baumeln. Endlich konnte die Fahrt losgehen.

Die Palmer-Kinder waren in den vergangenen Tagen schon öfter im Regenwald gewesen. Doch dieses Naturschauspiel raubte Liv immer wieder den Atem.

Bereits kurz hinter der Tierpflegestation, dem Haus der da Silvas und dem Baumhaus der Palmers begann die Wildnis.

Die Geräusche, denen sie schon vom Bett aus gelauscht hatte, füllten nun regelrecht ihre Ohren. Aus allen Richtungen summte, brummte und quakte es zu ihnen herüber. Äste knackten im undurchdringlichen Unterholz, hoch über ihren Köpfen jagte sich eine Affenhorde mit

großem Gebrüll. Vögel in allen Farben des Regenbogens saßen in den Bäumen oder flatterten umher.

Ein Gürteltier steckte seinen lustigen Kopf aus dem Busch und zog ihn zurück, bevor Liv ihn den anderen zeigen konnte.

Auch Matteo da Silva suchte die ganze Gegend vom Fahrersitz aus ab. Er kannte diesen Teil des Dschungels wie seine Westentasche. Wenn etwas nicht stimmte, bemerkte er die Anzeichen sofort. Nicht selten hatte er so verletzte Tiere entdeckt und gesund gepflegt.

Nach einer halben Stunde stoppte Matteo das Quad auf einer Lichtung am Fluss. Sofia Palmer hatte hier ihre kleine Messstation aufgebaut. Überall standen ihre Instrumente herum und zeichneten die Ergebnisse auf. Oben an einem langen Stab drehte sich ein kleines Windrad. Livs Mutter trug alle Zahlen mit einem Stift in lange Tabellen ein. An einen Computer setzte sie sich nur, wenn es gar nicht anders ging.

»Hi!«, grüßte sie fröhlich. »Was kann ich meinen Gästen anbieten? Bananen, Ananas, Avocados oder Mangos?« Sofia Palmer zeigte in unterschiedliche Richtungen in den Wald hinein. »Mit etwas Glück finden wir sicher auch eine Kokosnuss für jeden.«

Lu hüpfte vom Anhänger und umarmte ihre Mutter stürmisch. »Nur Wasser reicht«, japste sie. »Meine Trinkflasche ist schon wieder leer.«

Sofia nickte. »Liv, holst du bitte meinen Kanister?«, fragte sie. »Mit diesem Klammeräffchen läuft es sich schwer.«

Lu lachte auf und klammerte sich noch fester an Sofia.

Liv machte sich auf weiter runter zum Fluss. Da sie ihre Mutter schon mehrmals hier im Wald besucht hatte, wusste sie, wo Sofia das Wasser aufbewahrte. Ihre Mutter versenkte den Kanister zum Kühlen im Amazonas. Als Liv ihn an einem Strick aus dem Fluss zog, zuckte sie plötzlich zusammen. War da etwas? Sie spitze die Ohren.

Ganz in der Nähe maunzte ein Tier kläglich. Liv hörte durch die Blätter deutlich etwas, das wie ein langgezogenes *Miaaaauu, miaaaauu* klang. Ein Tier in Not!

Kapitel 3

Ein neuer Patient

Erschrocken ließ Liv das Seil los und mit einem *Platsch!* versank der Kanister wieder im Amazonas. So schnell sie konnte, rannte Liv zu den anderen zurück. Sie musste sofort Matteo und ihre Mutter holen!

Nur ein paar Minuten später standen die zwei Erwachsenen sowie Alina, Rick, Liv und Lu am Flussufer beim Kanister. Ein Miauen jedoch war nicht zu hören.

»Vielleicht hast du geträumt, Liv?«, fragte Lu nach einer Weile ungeduldig. »Hier ist nichts!«

Liv schüttelte den Kopf. »Nein, es war da. Ich bin mir ganz sicher! Es klang, wie ...«

Mehr musste Liv nicht sagen, denn schon in diesem Moment hörten es alle: *Miaaaauu, miaaaauu!*

Matteo da Silva ging langsam auf einen Busch zu und bog

die Äste zur Seite. Kurz dahinter lag der arme Radaumacher. Es war ein junger Jaguar. Ein kleiner Baum war umgefallen und hatte die Wildkatze unter seinem Stamm eingeklemmt.

»Bleibt bitte weit hinter mir«, ermahnte Matteo die anderen. »Er hat sicher Angst.«

Sofia legte Lu ihre Arme auf die Schultern. Trotzdem stellte Lu sich auf die Zehenspitzen, um mehr zu sehen. Auch Alina und Rick sahen betroffen zu, wie der Tierarzt sich der Raubkatze näherte.

»Ganz ruhig ...«, säuselte Matteo. Schritt für Schritt ging er auf den Baum zu. Als sich der Tierarzt über den Stamm beugte, schlug der Jaguar nach ihm.

»Ich tue dir nichts«, besänftigte Matteo das Tier und zog sich Handschuhe an. »Ich will dir nur helfen. Aber dafür muss ich dich anfassen.« Er drehte sich zu den Palmer-Kindern um. »Ihr wisst ja schon, dass man wilde Tiere niemals anfassen soll. Besonders Jungtiere nicht, sonst nehmen sie ein wenig unseren Geruch an und die Mütter erkennen sie nicht mehr.«

Liv nickte und biss sich auf die Unterlippe, so gespannt war sie. Matteo holte eine Spritze aus seinem Koffer und zog Medizin aus einem Fläschchen auf.

MIAUUUUUUUUUUUUUUUU
MIAUUUUUU
MIAUU

»Das piekst jetzt ein bisschen«, erklärte er.
Das sagte der Kinderarzt auch immer zu Liv.
Und jedes Mal machte sie das noch viel nervöser.
Aber bei dem Jaguar schien der Spruch zu wirken.
Er hob noch einmal kurz seine Tatze. Dann hielt er still.

Mit geübtem Griff versorgte Doktor da Silva den Patienten.

»Gut gemacht. Das war's schon«, sagte er und machte einen großen Schritt rückwärts.

Der Jaguar beschwerte sich maunzend. Dann fielen ihm die Augen zu und er schlief tief und fest.

»Rick, hilfst du mir bitte mit dem Baum?«, fragte Doktor da Silva. »Ich habe ihm nur wenig Betäubungsmittel gegeben, er wird schnell wieder aufwachen.«

Gemeinsam packten Matteo und Rick den Baumstamm und hoben ihn vorsichtig an. Zu Alina musste der Tierarzt nichts sagen. Seine Tochter wusste genau, was zu tun war.

Als der Baum eine Armlänge angehoben war, klemmte sie einen dicken Ast darunter. So abgestützt konnte er nicht wieder auf die Raubkatze fallen. Matteo ging auf die Knie und untersuchte den kleinen Jaguar. Erst als er sich sicher war, dass die Verletzung so nicht schlimmer wurde, hob er

die betäubte
Raubkatze hoch.
Der lange Schwanz hing
schlapp von Matteos Armen herunter.

Alina lief vor ihrem Vater her. Mit wenigen Handgriffen verwandelte sie den Anhänger, auf dem sie eben noch alle gesessen hatten, in ein mobiles Krankenlager.

»Obrigado«, murmelte Matteo und legte den Jaguar behutsam ab. Liv wusste schon, was das hieß: danke auf Portugiesisch.

Eine Weile sahen die vier Palmers und Alina dem Tierarzt zu, wie er die Wunde sauber machte, versorgte und schaute, dass dem kleinen Patienten nichts weiter fehlte.

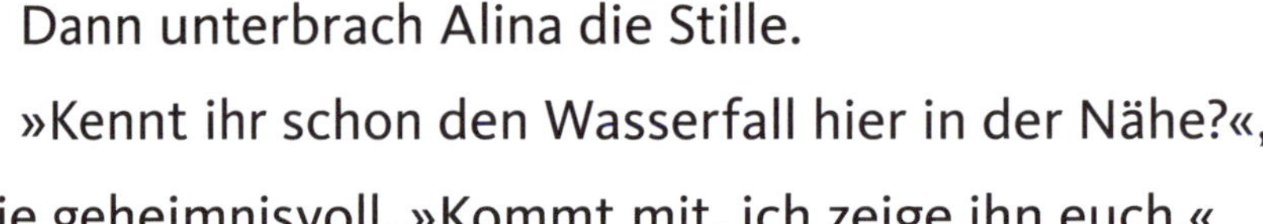

Dann unterbrach Alina die Stille.

»Kennt ihr schon den Wasserfall hier in der Nähe?«, fragte sie geheimnisvoll. »Kommt mit, ich zeige ihn euch.«

»Oh ja, Wasserfall!«, rief Lu und hüpfte schon auf und ab.

Sofia lachte. »Geht ihr vier nur, ich bleibe bei Matteo.«

Etwa fünf Minuten stapften Alina, Rick, Lu und Liv durch den Dschungel. Liv genoss jeden Schritt und jeden Atemzug. Nichts duftete so wie der Regenwald! Es roch nach einer Mischung von tausend verschiedenen Blüten, wie das tollste Parfum der Welt.

»Guck mal, ein blauer Frosch!«, rief Lu plötzlich. Bevor sie ihn berühren konnte, hatte Alina blitzschnell ihre Hand gepackt.

»Nicht anfassen!«, warnte sie. »Der ist giftig. Deshalb hat er auch diese tolle Farbe. Wer einmal so einen bitteren Frosch im Maul hatte, merkt sich das für den Rest des Lebens.«

Tief beeindruckt machte Lu

einen großen Bogen um den kleinen Frosch. Der kleine Kerl hockte da und glubschte die vorbeiziehenden Menschen mit großen unschuldigen Augen an.

Kurz darauf hatten sie den Wasserfall erreicht. Er war wirklich umwerfend! Kristallklares Wasser stürzte von einem Felsvorsprung zehn Meter in die Tiefe. Im Becken darunter konnte Liv dicke schimmernde Fische erkennen, mehrere Froscharten und sogar eine kleine Wasserschlange.

»Wow, ich würde mich nicht wundern, wenn gleich ein Einhorn um die Ecke biegt!«, sagte Liv. Dann aber schüttelte sie den Kopf. »Obwohl … Es braucht keine Elfe und auch kein anderes Fabel-

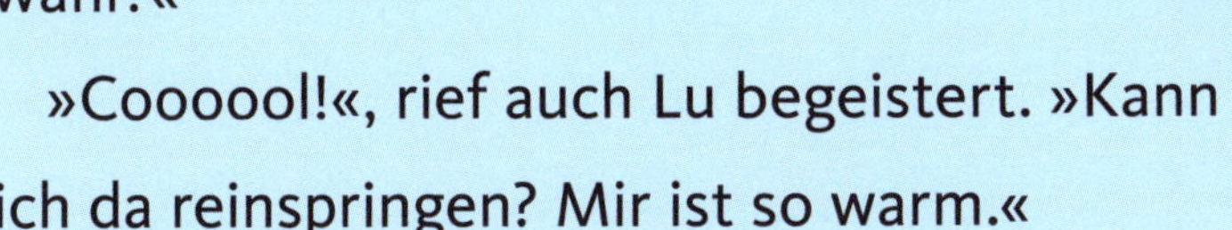

wesen – dieser Platz ist auch so wunderschön und perfekt!«

Alina strahlte sie an. »Nicht wahr?«

»Coooool!«, rief auch Lu begeistert. »Kann ich da reinspringen? Mir ist so warm.«

Alina lachte. »Besser nicht«, antwortete sie ehrlich. »Die Piranhas sehen ziemlich hungrig aus. Zum Schwimmen kenne ich eine viel bessere Stelle, gleich bei unserem Haus.«

Lu beschwerte sich nicht. Sie hatte längst wieder eine neue Sensation entdeckt.

»Schaut mal!«, sagte sie halb aufgeregt, halb traurig. »Das Ameisenbärenbaby da ist ganz allein. Es hat keine Mama mehr. Wir sollten es besser mitnehmen!«

Kapitel 4

Ein neuer Bewohner

Alina, Liv und Rick stellten sich neben Lu und starrten zu Boden. Lu kniete auf dem dichten Moos. Zwischen ihren Beinen tapste tatsächlich ein Ameisenbärenbaby umher. In dieser neu gefundenen Höhle rollte es sich ein wenig zusammen und schloss erschöpft die Augen.

»Das ist wirklich ungewöhnlich«, sagte Alina nach einer Weile. »Das Kleine ist kein Neugeborenes mehr. Aber eigentlich müsste spätestens jetzt seine Mutter auftauchen. Die tragen ihre Babys nämlich das erste halbe Jahr immer auf dem Rücken mit sich herum und passen sehr gut auf ihren Nachwuchs auf.«

Lu verdrehte die Augen.

»Das weiß ich doch, Alina! Dein Papa hat das mal erzählt«, antwortete sie. »Deshalb habe ich doch gleich gewusst, dass es keine Mama mehr hat.«

Lu blieb regungslos hocken, um das Kleine nicht zu verschrecken.

»Alleine hat es hier keine Überlebenschance«, wusste sogar Rick. »Lasst uns seine Mutter suchen. Vielleicht ... vielleicht haben sie sich nur verloren ...«

Alina zögerte. »Wir müssen vorsichtig sein. Große Ameisenbären können bis zu zwei Meter lang werden. Sie verhalten sich normalerweise Menschen gegenüber friedlich oder flüchten sogar, aber wenn sie sich bedroht fühlen, verteidigen sie sich.«

Liv nickte. Sie hatte die scharfen Krallen der verletzten Mutter in der Pflegestation schon öfter bestaunt. 35.000 Ameisen verputzte so ein ausgewachsenes Tier an einem Tag, hatte Matteo ihr erzählt. Mit den Krallen bohrten sie dafür Ameisenhaufen oder Termitenhügel an. Dabei richteten sie nie großen Schaden an, damit die Völker sich schnell erholen konnten. Echt schlau! Aber in die Nähe der Krallen wollte Liv trotzdem nicht geraten.

Sogleich schwärmten Alina, Rick und Liv aus. Sie suchten alles rund um den Wasserfall und das Becken ab. Liv blieb in Lus Nähe, das hatte sie ihrem Vater ja versprochen. Außer jeder Menge Ameisen und einem süßen Faultier hoch oben in den Ästen entdeckte sie jedoch nichts.

Eine Viertelstunde später schüttelten auch die anderen beiden nur die Köpfe.

»Nichts«, musste Alina zugeben.

»Keine Spur von seiner Mutter«, sagte Rick. »Ich habe Matteo angefunkt. Er ist noch mit dem Jaguar beschäftigt, dann hilft er uns bei der Suche. Und Mamá kommt auch gleich. Bis dahin habe ich noch eine andere Idee.«

Rick hob seinen Koffer, den er nie zurückließ, auf einen Baumstumpf. Mit geübten Handgriffen baute er seine Drohne zusammen.

»Wir schauen uns die Gegend mal von oben an«, schlug er vor. »So ein großes Tier sollte der Kamera trotz der vielen Blätter nicht verborgen bleiben.«

Schon surrte das Fluggerät in die Luft. Rick lenkte es mit der Fernsteuerung vorsichtig durch das Dickicht. Dann schaltete er die Kamera der Drohne ein. Die Bilder wurden auf seinen Laptop übertragen. Liv konnte sich, Lu, Alina und sogar das Baby winzig klein auf dem Platz sehen.

Nur eine Ameisenbärmutter, die sah sie nicht.

»Wahnsinn, oder?«, schwärmte Rick da. »Der Dschungel ist so faszinierend und voller Geheimnisse!«

Liv nickte. Aber Lu hatte nur Augen für das kleine Knäuel, das zwischen ihren Knien schlief und leise fiepte. Dabei achtete sie streng darauf, das Baby nicht anzufassen.

»Konzentrier dich bitte, Bruderherz!«, bat sie Rick. »Wir haben eine wichtige Mission! Wie wir aussehen, wissen wir schon.«

»Okay, okay«. Rick ließ die Drohne nun abwechselnd ein wenig steigen und sinken. Er versuchte die Gegend von ganz

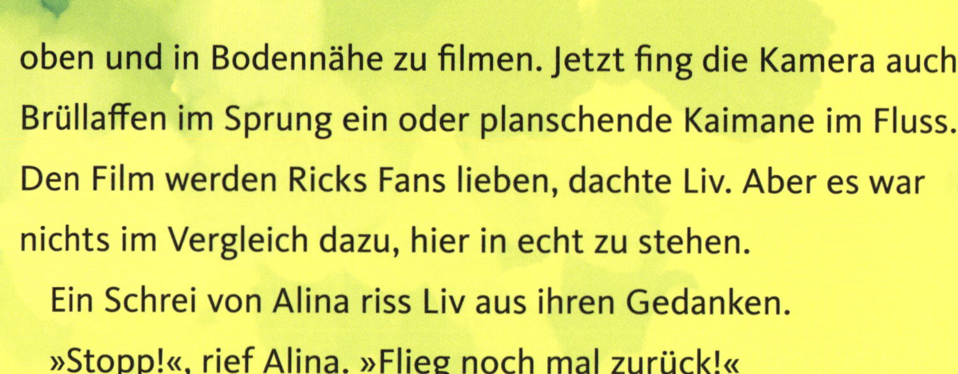

oben und in Bodennähe zu filmen. Jetzt fing die Kamera auch Brüllaffen im Sprung ein oder planschende Kaimane im Fluss. Den Film werden Ricks Fans lieben, dachte Liv. Aber es war nichts im Vergleich dazu, hier in echt zu stehen.

Ein Schrei von Alina riss Liv aus ihren Gedanken.

»Stopp!«, rief Alina. »Flieg noch mal zurück!«

Rick nickte und lenkte die Drohne im weiten Bogen in die Richtung, aus der sie gekommen war.

»Ungefähr hier bin ich eben langgedüst«, sagte er.

»Da!«, rief Alina und tippte auf den Bildschirm.

Liv wunderte sich. Sie konnte überhaupt keine Tiere sehen. Kein zwei Meter langes und auch kein winzig kleines. Rick offenbar auch nicht, denn er machte das Bild größer und größer.

»Seht ihr die Mulde hier?«, wollte Alina wissen.

Liv gab sich alle Mühe, aber sie erkannte an der Stelle nur Blätter, Äste und Gräser, wie überall sonst auch.

Doch als Rick noch näher heranzoomte, pfiff er anerkennend. »Das sieht wie ein großes Nest am Boden aus. Wow! Sehr gute Augen, Alina!«

»Danke. Das ist der Unterschlupf eines Ameisenbären«, erklärte sie.

Genau in diesem Moment erreichten Sofia und Matteo ihre Kinder.

»Ich glaube, wir haben das Nest der Mutter entdeckt! Dort drüben!«, platzte Alina heraus. Sofort rannten sie, Liv und Rick los. Und richtig: Die Mulde war tatsächlich das Nest eines Ameisenbären. Doch es war halb zerstört.

»Was ist hier passiert?«, würgte Liv hervor. »Wo ist die Mutter?«

Alina zuckte mit den Schultern. »Vielleicht ist sie dem Angreifer hinterhergejagt«, schlug sie leise vor. »Oder unser Baby ... ist ein Waisenkind ...«

Liv atmete tief durch. »Wir werden die Antwort finden«, sagte sie nun wieder voller Mut. »Vorher gebe ich keine Ruhe.«

Wenig später untersuchte Doktor da Silva das Kleine. »Es ist ein Junge und leicht unterernährt«, stellte er fest. »So können wir es nicht allein lassen, fürchte ich. Wir sollten es mit zur Station nehmen und in den nächsten Tagen weiter nach der Mutter Ausschau halten.«

Lu stand vorsichtig auf, dann lief sie zu dem Tierarzt und umarmte ihn kräftig.

»Danke!«, rief sie aus tiefstem Herzen. »Ich werde mich auch jeden Tag gut um Toni kümmern, damit er sich nicht allein fühlt.«

Rick grinste. »Toni?«, hakte er nach. »Meinst du nicht, wir könnten auch mal einen Namen aussuchen? Und wie kommst du auf Toni?«

Lu legte den Kopf schief. »Vielleicht, aber nicht bei so süßen Tieren. Das ist besser meine Aufgabe«, antwortete sie. »Toni kommt natürlich von *tongue*, Englisch für Zunge. Das sagt Dad doch manchmal. Und jetzt entschuldigt mich: Toni und ich machen jetzt einen Rundgang zum Kennenlernen.«

Und das tat Lu dann auch.

Kapitel 5

Ein neues Zuhause für den Jaguar

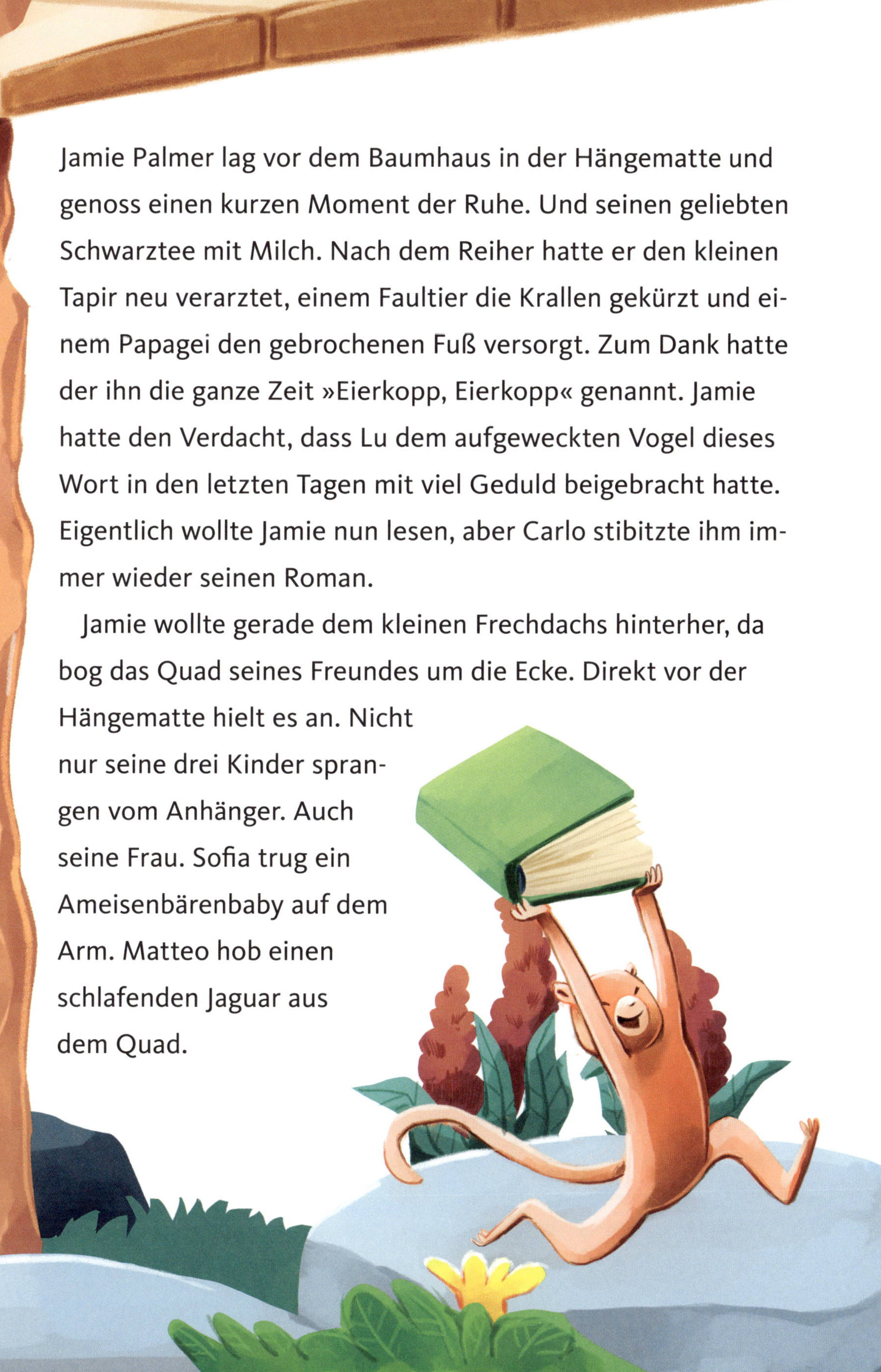

Jamie Palmer lag vor dem Baumhaus in der Hängematte und genoss einen kurzen Moment der Ruhe. Und seinen geliebten Schwarztee mit Milch. Nach dem Reiher hatte er den kleinen Tapir neu verarztet, einem Faultier die Krallen gekürzt und einem Papagei den gebrochenen Fuß versorgt. Zum Dank hatte der ihn die ganze Zeit »Eierkopp, Eierkopp« genannt. Jamie hatte den Verdacht, dass Lu dem aufgeweckten Vogel dieses Wort in den letzten Tagen mit viel Geduld beigebracht hatte. Eigentlich wollte Jamie nun lesen, aber Carlo stibitzte ihm immer wieder seinen Roman.

Jamie wollte gerade dem kleinen Frechdachs hinterher, da bog das Quad seines Freundes um die Ecke. Direkt vor der Hängematte hielt es an. Nicht nur seine drei Kinder sprangen vom Anhänger. Auch seine Frau. Sofia trug ein Ameisenbärenbaby auf dem Arm. Matteo hob einen schlafenden Jaguar aus dem Quad.

»Hi, Dad«, grüßte Lu ihn fröhlich. »Wir bringen neue Bewohner für die Pflegestation.«

»Oje, noch mehr?«, wunderte Jamie sich. »Es ist doch schon so voll!«

Sofia lachte. »Meine *Abuela*, also, meine Großmutter, hat immer gesagt: Wo fünf Leute satt werden, werden auch zehn satt«, antwortete sie ihrem Mann.

Jamie lächelte. Genau für diese großzügige Sicht auf die Welt liebte er seine Frau!

Liv half Matteo, ein neues Zuhause für die kleine Raubkatze zu suchen. Doch alle Gehege waren bereits bewohnt. Nachdem die beiden eine Weile hin und her gelaufen waren, legte Matteo den Jaguar unter einen großen Baum in den Schatten. Er bewegte sich schon wieder ein bisschen, war aber noch viel zu schläfrig, um wegzulaufen.

Ein paar Meter entfernt öffnete der Tierarzt ein Gatter. Dahinter lag ein umzäunter Auslauf, etwa dreimal so groß wie Livs Zimmer in Punta Arenas. Allerdings lag überall altes Stroh herum und es roch muffig.

»Hier haben bis vor ein paar Wochen zwei Riesenotter gelebt«, entschuldigte Doktor da Silva sich. »Ich bin leider noch nicht dazu gekommen, es aufzuräumen.«

Er sah Liv durch seine Brille hindurch an.

»Ähm, hilfst du mir beim Ausmisten?«, fragte er. »Na ja, also, eigentlich meine ich: Machst du das? Ich muss dringend nach meinen Patienten sehen ...«

Liv biss die Zähne zusammen. *Ausmisten* klang in ihren Ohren nicht sonderlich nach Spaß. Aber der kleine Jaguar würde bald richtig aufwachen und dann herumspringen wollen. Dafür brauchte er Platz. Und von alleine fegte sich das Gehege sicher nicht.

»Okay«, stimmte Liv schließlich zu. »Was tut man nicht alles für Tiere!«

Als Liv die Schubkarre mit den Harken, Mistgabeln und Besen holte, stand plötzlich Magaly Quispe vor ihr. Magaly war genauso alt wie Liv und wohnte mit ihrem Vater in einem Dorf mitten im Dschungel nicht weit von der Tierpflegestation entfernt. Sie hatte ein Armband aus frischen Blumen um, das sie sicherlich selbst geknüpft hatte. Und Magaly war barfuß. Liv schüttelte sich jedes Mal ein bisschen, wenn sie das sah. Sie musste an die giftigen Frösche, das piekende Gehölz und vor allem die Spinnen denken. Doch Magaly bewegte sich so aufmerksam durch den Urwald, dass ihr noch nie etwas passiert war. Sie konnte sogar Vogelspinnen hören, bevor sie aus ihren Erdlöchern schlüpften. Liv mochte das Mädchen sehr.

»Hi, Liv!«, grüßte Magaly wie immer bestens gelaunt. »Kann ich dir helfen?«

Liv machte fast einen Luftsprung. »Ja, gerne! Danke!«, sagte sie.

Eine ganze Stunde lang harkten, schaufelten und fegten die beiden Mädchen den Schmutz und die Pflanzenreste zusammen. Dabei redeten sie die ganze Zeit. Liv wollte alles über das Leben im Urwald wissen. Magaly fragte Liv genauso neugierig über ihr Leben in Punta Arenas aus. Liv bemerkte gar nicht, dass sie arbeitete, so spannend war alles.

Erst der maunzende Jaguar erinnerte die beiden wieder daran, wo sie waren und was

sie hier gerade taten. Höchste Zeit, die Raubkatze ins Gehege zu bringen.

Eigentlich wollte Doktor da Silva das machen. Doch Magaly stellte den kleinen Jaguar einfach auf die Pfoten und führte ihn zum Gatter. Liv traute ihren Augen nicht. Auf wackligen Beinen folgte das Tier Magaly als wären sie Freunde. Auf dem Bett aus frischem Laub ließ die Raubkatze sich nieder und schlief sofort weiter.

»Weißt du, dass er seinen Namen von uns Einheimischen bekommen hat?«, sagte Magaly stolz. »In unserer Sprache heißt Yaguar etwa: der Räuber, der seine Beute mit einem einzigen Sprung erlegt. Witzig, oder? So ein kurzes Wort bei uns und so viele Wörter dafür bei euch.«

Magaly erzählte noch mehr.

»Er kann mit seinem starken Gebiss sogar den Panzer einer Schildkröte durchbeißen«, wusste sie. »Aber der hier noch nicht, der ist ja noch ganz verspielt.«

Trotzdem schlossen die beiden das Gatter hinter sich, als sie gingen. Liv war richtig stolz auf ihre Arbeit. Aber dann bemerkte sie etwas. »Puh! Ich müffle ja selbst wie ein Riesenotter!«, stellte sie mit gerümpfter Nase fest. »Ich gehe mich mal lieber waschen und umziehen. Bleibst du noch? Du könntest mit uns essen. Wir sitzen immer alle zusammen, es ist echt lustig.«

»Das würde ich gern«, antwortete Magaly.

Fürs Abendessen hatten Jamie und Matteo den Tisch und die Stühle vor der Pflegestation aufgestellt. Lu und Liv hatten das Geschirr aufgedeckt. Alina und Rick hatten den ganzen Nachmittag über gekocht, und keiner hatte einen Blick in die Töpfe und Pfannen werfen dürfen. Also, wahrscheinlich hatte Alina gekocht und Rick nur alles klein geschnibbelt und Alina dabei heimlich angehimmelt, vermutete Liv. Nun trugen sie alle das Essen gemeinsam auf.

Alina eröffnete feierlich das Mahl: »Meine Damen und

Herren, wir präsentieren: als Vorspeise eine Maniok-Suppe, dann Eintopf aus schwarzen Bohnen und zum Schluss Canjica, ein Nachtisch aus Mais, Milch und Zucker. *Bom apetite!*«

Es schmeckte köstlich. Als die Töpfe und Schüsseln bis auf den letzten Krümel leer gegessen waren, redeten alle über die außergewöhnlichen Ereignisse dieses Tages im Regenwald und der Station. Sofia, Jamie und Matteo lachten genauso viel wie Magaly, Liv, Lu, Alina und Rick.

Nur als Matteo davon redete, wie wichtig es wäre, die Mutter des kleinen Ameisenbären wiederzufinden, wurde Lu ganz still. Noch nicht einmal die Späße von Affe Carlo, der gerade auf Jamies Schulter turnte und seine Brille klauen wollte, konnten sie wieder aufheitern. Liv wollte etwas zu ihrer Schwester sagen, wusste aber nicht, was.

Kapitel 6
Ersatzmama

Am nächsten Morgen wurde Liv nicht von Carlo geweckt, sondern von einem Poltern. Es war noch viel zu früh. Die Tiere des Dschungels wachten gerade erst auf und im Baumhaus war es noch halbdunkel.

Müde beugte Liv sich von ihrem Etagenbett nach unten. Sie sah so gerade noch, wie Lu aus dem Raum flitzte. »Sicher muss sie aufs Klo«, murmelte Liv und wollte weiterschlafen. Kurz darauf kam Lu tatsächlich zurück. Sie kuschelte sich gleich wieder in ihr Bett, das konnte Liv hören. Doch dann hörte sie noch etwas: ein leises Pfeifen.

Liv kannte die Schlafgeräusche ihrer Geschwister ziemlich gut. Und im Traum gepfiffen hatte bisher noch keines von ihnen. Liv nahm ihre Taschenlampe vom Regal und leuchtete nach unten.

»Hey, was soll das?«, beschwerte Lu sich und hielt sich die Augen zu.

»Ich wollte nur schauen, ob alles in Ordnung ist«, sagte Liv.

»Ja, ist es«, nörgelte Lu. »Kann ich jetzt bitte weiterschlafen?«

Liv wollte schon nicken. Doch dann bewegte sich ein dicker Knubbel unter Lus Decke. Zentimeter für Zentimeter wurschtelte der Knubbel sich unter dem Stoff hindurch. Schließlich kam ein haariger Rüssel zum Vorschein, dann der ganze Kopf. Das Ameisenbärenbaby pfiff einmal, schmatzte zweimal und rollte sich dann auf Lus Füßen zusammen.

»Jetzt ist Toni wieder wach!«, beschwerte Lu sich leise.

Liv war sprachlos. Ihre Schwester hatte tatsächlich das Baby zum Kuscheln in ihr Bett geholt!

»Lu, was machst du denn?«, zischte Liv. »Matteo sagt doch immer, die Tiere sollen sich nicht an uns Menschen gewöhnen.«

Lu sah mit großen runden Augen zu ihrer Schwester.

»Aber Toni ist da unten ganz alleine ohne seine Mama«, erklärte sie mit traurigem Gesicht. »Also habe ich ihm hier bei mir ein kuscheliges Nest gebaut.«

Liv musste lächeln. Es war wirklich süß, wie Lu sich um das Tierchen sorgte. Nur richtig war es nicht.

»Dann müssen wir heute seine Mutter finden«, beschloss Liv. »Vielleicht ist sie noch irgendwo im Dschungel und sucht, ähm, ihren Toni.«

Lu nickte. »Ja, das müssen wir unbedingt«, antwortete sie.

Liv ließ ihre Schwester noch fünf Minuten mit dem kleinen Ameisenbären schmusen. Dann kletterte sie die Leiter vom Bett hinunter. Gemeinsam brachten sie Toni leise wieder zurück in die Station zu den anderen Tierkindern.

»Tschüss, mein Süßer«, verabschiedete Lu sich und setzte das Baby in einen Laubhaufen in seinem Gehege.

Kaum hatte sich der Ameisenbär in dem Haufen eingegraben, sprang ihnen Carlo entgegen. Der kleine Affe war trotz der frühen Uhrzeit schon ziemlich munter. Er zupfte an Lus Schlafanzug und kreischte.

Lu lachte. »Carlo, psst! Du verrätst uns noch!« Aber Carlo machte so lange weiter, bis Lu ihm eine Orange holte. Liv war dem Affen insgeheim dankbar. Er hatte Lu von ihrer Sorge um Toni abgelenkt. Fröhlich hüpfte Lu nun zum kleinen Tapir, dann zu Louise, dem anderen Ameisenbärenbaby mit seiner schon fast wieder gesunden Mutter, und sah anschließend noch nach dem Reiher mit dem verbundenen Flügel. Allen ging es gut. Matteo und ihr Vater hatten ihre Arbeit wie immer großartig gemacht.

»Lu, können wir jetzt wieder ins Bett?«, bat Liv und rieb sich die Augen. »Ich bin noch viel zu müde!«

Liv bekam umgehend Antwort – aber nicht von Lu.

»Na, dann ab mit euch!«, ertönt eine tiefe Stimme hinter ihnen.

Lu und Liv zuckten zusammen. Plötzlich stand Doktor Matteo da Silva in der Tür. Er gähnte zur Begrüßung kräftig und rieb sich die Augen.

»Oh, du bist aber früh auf«, wunderte Liv sich und wurde ein bisschen rot, weil er sie ertappt hatte.

»Na, euer neuer Liebling braucht mich, ihr Schlafwandlerinnen«, erklärte der Tierarzt ohne eine Spur Ärger in der Stimme.

»Toni muss dauernd fressen, wenn er sich richtig erholen soll. Ich war heute Nacht schon zweimal hier. Deshalb – *huah* – verzeiht bitte mein Gähnen.«

Matteo stellte seine Kaffeetasse ab und holte Milch aus dem Kühlschrank.

»Die ist für den jungen Herrn«, erklärte er.

Liv und Lu sahen neugierig zu, wie Matteo die Milch erwärmte und in eine Babyflasche füllte.

»So, wollt ihr ins Bett oder Toni Guten Morgen sagen?«, fragte er.

Lu und Liv sahen sich an. Nichts verraten!, bedeutete dieser Blick.

»Wir kommen mit!«, antwortet Liv.

»Wir waren ganz bestimmt noch nicht bei Toni!«, sagte Lu im selben Moment. Liv verdrehte die Augen.

Als der kleine Ameisenbär sein Frühstück roch, wurde er ganz zappelig. Mit beiden Pfoten schaufelte er das Laub zur Seite, bis er freie Bahn hatte. Nur ein paar Blätter hingen ihm noch im Fell. Lu kicherte bei seinem Anblick.

»Möchte eine von euch ihm das Fläschchen geben?«, fragte Matteo. Er wusste natürlich ganz genau, dass keine der beiden Nein sagen würde.

Zuerst war Liv dran. Sie war wirklich aufgeregt, als Matteo ihr Toni mithilfe einer Decke auf den Arm setzte. Das Kleine griff gleich mit seinen Pfoten nach der Flasche. Seine Krallen waren schon echt lang und sicher auch scharf. Doktor da Silva zeigte den Mädchen genau, wie sie Toni halten mussten. Dann stürzte der Kleine sich gierig auf den Nuckel. Doch es klappte nicht sofort. Toni verschluckte sich ein paarmal.

Matteo lachte.

»So nützlich seine lange Zunge bei Ameisen ist«, sagte er. »Beim Trinken aus der Flasche ist sie immer im Weg.«

Vorsichtig nahm er die Zunge mit zwei Fingern und hielt sie von der Flasche weg.

Prompt begann der kleine Ameisenbär zu saugen. Sein ganzer Körper zappelte dabei, so ausgehungert war Toni.

Lu stand mit großen Augen neben ihrer Schwester. Wenn Matteo nicht hinsah, streichelte sie ihren Toni. Der Kleine ließ sich davon aber nicht ablenken. Er nuckelte und nuckelte, bis die Flasche leer war.

Lu wollte sich gerade beschweren. Da stand der Tierarzt schon mit einer zweiten Flasche neben ihr.

»Die bekommt er heute ausnahmsweise auch noch«,

erklärte da Silva. Liv legte ihrer Schwester das Ameisenbärchen auf den Schoss.

Obwohl das Fläschchen schnell leer war, wollte Lu das Baby lange nicht abgeben.

»Nun ist er genug gekuschelt worden, liebe Ersatzmama«, fand der Tierarzt nach einer Weile. »Toni braucht nun dringend seinen Schlaf.« Doktor da Silva gähnte. »Genau wie ich. Ihr solltet euch auch noch für ein Stündchen hinlegen. Für die Suche nach Tonis Mutter braucht ihr Kraft.«

Kapitel 7

Wie verhext!

Mit großen Schritten stapfte Liv durch das Dickicht. Schweißperlen standen ihr auf der Stirn. Unter dem schützenden Dach der Urwaldriesen war es zwar nicht ganz so heiß, dafür aber umso schwüler. Auch der tolle Anblick konnte die leichte Sorge um Tiere mit spitzen Zähnen oder Stacheln nicht ganz verdrängen.

Liv wusste gar nicht, wo sie zuerst hinsehen sollte. Nach oben, wegen der Jaguare.

Oder nach unten, wegen der

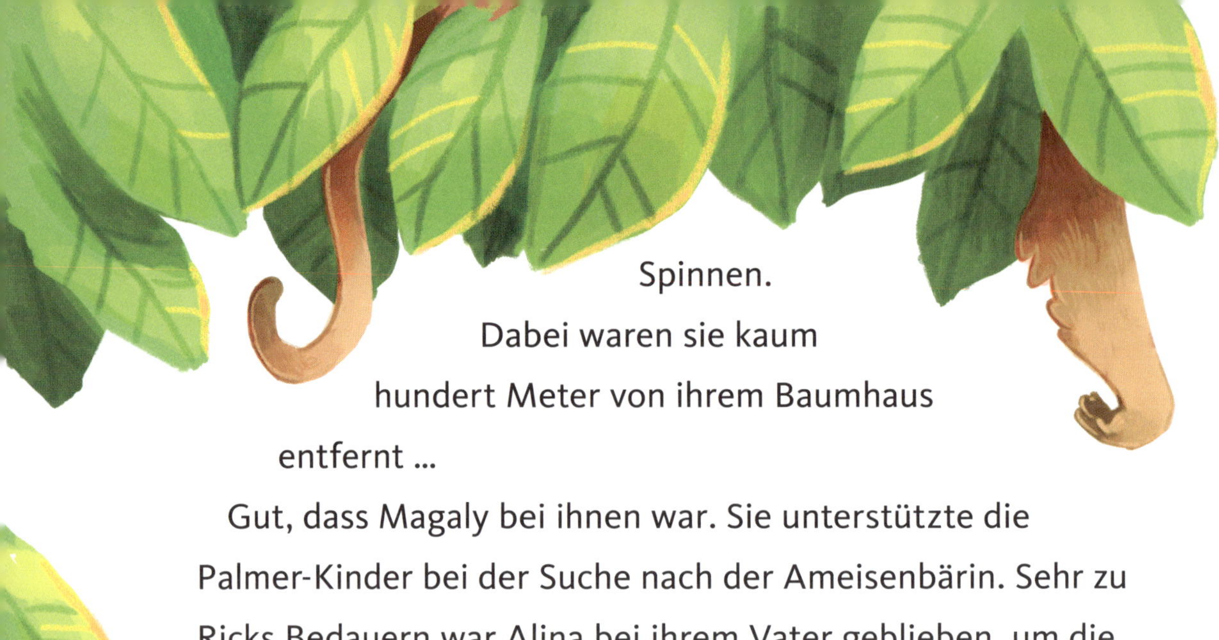

Spinnen.
Dabei waren sie kaum hundert Meter von ihrem Baumhaus entfernt …

Gut, dass Magaly bei ihnen war. Sie unterstützte die Palmer-Kinder bei der Suche nach der Ameisenbärin. Sehr zu Ricks Bedauern war Alina bei ihrem Vater geblieben, um die Tiere zu versorgen.

»Wir durchkämmen zuerst die Gegend rund um die Tierpflegestation«, schlug Magaly vor. »Ameisenbären können nicht besonders gut sehen. Aber gut hören. Am besten aber ist ihr Geruchssinn ausgebildet. Vielleicht ist sie also dem Duft ihres Babys bis hierher gefolgt.«

Lu nickte. »Ja, das hoffe ich!«, murmelte sie.

Aber es klang gar nicht fröhlich. Dafür fing Lu laut an zu singen, sobald sie die Station nicht mehr sehen konnten. Sie hatte sich das absolut unpassendste Lied ausgesucht.

»Schneeflöckchen, Weißröckchen, wann kommst du geschneit …«, schmetterte sie voller Inbrunst.

Dabei schlug sie immer wieder mit einem Stock auf die Büsche. Ein Gürteltier nahm meckernd Reißaus.

»Ein bisschen leiser musst du schon sein«, ermahnte Magaly sie. »Taub sind die Ameisenbären nicht.«

Lu nickte und sang nur noch ganz leise *O Tannenbaum*.

Jetzt konnte Liv wieder allen Geräuschen des Dschungels lauschen. Es war wie ein Amazonas-Hörspiel, nur ohne Text. Manche Tiere erkannte sie mittlerweile gleich. Andere mussten schon ihre Nasen oder Rüssel aus dem Unterholz strecken, damit Liv wusste, wer da gerade unterwegs ist. Meistens war es unglaublich spannend. Ab und zu aber auch richtig unheimlich, besonders jetzt, wo Magaly den ausgetretenen Pfad verließ.

»Die Tiere halten sich auch nicht an unsere Wege«, erklärte Magaly. »Oft meiden sie die sogar.«

Liv, Lu und auch Rick folgten ihr mit großem Respekt.

»Hast du nie Angst hier im Dickicht?«, wollte Liv von Magaly wissen. »Es gibt doch jede Menge wilde Tiere und giftige.«

Erstaunt schüttelte ihre Freundin den Kopf. »Angst? Wovor?«, fragte sie zurück. »Kein Tier ist böse. Die machen alle einen großen Bogen um uns Menschen. Eben war noch ein Jaguar da vorne. Aber der ist sofort verschwunden, als wir kamen.«

Liv nickte. Aber vorsichtig blieb sie trotzdem. Sie ging ganz dicht hinter Magaly, die genau wusste, wo man hintreten konnte.

»Tja, hier scheint kein Ameisenbär zu sein«, sagte Rick nach einer Stunde.

»Lasst uns noch mal die Drohne losschicken«, schlug er vor. »Wofür schleppe ich sie sonst schon die ganze Zeit mit mir herum.«

Am Flussufer legte Rick den Koffer auf einen Stein und packte seine Drohne aus.

»Los geht's!«, rief er. Doch die Drohne bewegte sich keinen Millimeter in die Höhe.

»Was ist los?«, wollte Liv wissen.

Rick zuckte mit den Schultern. Er untersuchte das Fluggerät von oben bis unten. Dann verzog er das Gesicht.

»Der Akku ist leer«, wunderte Rick sich. »Das kann doch

gar nicht sein. Ich habe ihn doch gestern wie sonst auch an meine Solarstation geklemmt ...«

»Jeder vergisst mal etwas, sogar du Technik-Genie«, versuchte Liv ihn zu trösten. »Dann suchen wir eben heute Nachmittag weiter.«

Rick aber schüttelte den Kopf. »Wenn der Akku völlig leer ist, muss er bis morgen laden.«

Liv schnipste mit den Fingern.

»Dann klettern wir eben auf den Aussichtsturm!«, rief sie begeistert. »Von dort oben kann man auch ziemlich weit sehen.«

»Gute Idee! Aber vorher lade ich euch zum Essen in mein Dorf ein«, sagte Magaly. »Es gibt gebratene Vogelspinnen!«

Als alle die Gesichter verzogen, prustete Magaly los.

»Keine Sorge, das war nur ein Witz«, klärte sie auf. »Mein

Vater hat schon heute Morgen Gemüse und Reis gekocht. Sein Lieblingsgericht.«

Über einen schmalen Pfad wanderten die Geschwister hinter Magaly her. Ihr Dorf bestand aus ein paar Häusern. Ganz am Rand war das schönste, wie Liv fand. Es war auf Stelzen direkt am Flussufer gebaut. Über einen Steg konnte man ein Boot erreichen. Die Holzwände waren bunt angemalt.

»Hier wohne ich«, sagte Magaly stolz. »Papa und seine Freunde haben es gebaut. Und ich darf es nun verzieren.«

Neugierig traten alle ein.

An einem langen Tisch saß Amaru, Magalys Vater. Liv hatte ihn bereits getroffen, als er und Magaly die neu angekommenen Palmers begrüßt hatten. Wieder einmal staunte Liv, wie ähnlich er seiner Tochter sah.

»Ah, Besuch!«, grüßte er fröhlich. »Kommt herein, kommt herein, ab ins kühle Heim.«

»Ist das Essen schon fertig, Paps? Wir sind hungrig wie Piranhas«, fragte Magaly, die hinter den Palmers hereinkam.

»Natürlich, greift einfach zu«, sagte Amaru und lachte.

Amaru verteilte die Schüsseln und Löffel, Magaly schaufelte jedem eine ordentliche Portion auf. Sie hatte nicht zu viel versprochen: Es schmeckte ausgezeichnet.

»Wirklich lecker, Amaru«, lobte Liv und die anderen nickten.

Nur Lu löffelte das Essen still in sich hinein. Rick und Liv tauschten einen verwirrten Blick. Was war nur los mit ihrer Schwester?

Nach dem Essen kehrten sie zur Pflegestation und ihrem Baumhaus zurück. Es war nun drückend heiß. Jeder Schritt kostete richtig Kraft. Das fand auch Rick.

»Lasst uns nachher weitermachen, wenn es etwas abgekühlt hat«, schlug er vor. »Außerdem ist meine Hängematte einsam. Es muss sich dringend jemand hineinlegen.«

Vorher schloss er allerdings noch die Drohne an den Strom an. Wenigstens morgen wollte er die Kamera bei der Suche einsetzen können.

Auch Liv legte sich ein wenig ins Baumhaus. Magaly hatte ihr ein Buch gegeben, das sie unbedingt lesen wollte.

Lu hingegen fühlte sich kein bisschen müde.

»Ich schaue mal bei den Tierkindern vorbei«, verkündete sie. »Und vielleicht auch bei Toni.«

Liv nickte. Sie wusste genau, wo Lu zuerst hinlaufen würde. Aber darum musste Liv sich nicht kümmern. Matteo würde Lu schon sagen, wenn der Kleine Toni seine Ruhe brauchte.

Dreißig Seiten später kehrte Lu ins Baumhaus zurück. Liv traute ihren Augen kaum. Ihre Schwester hatte schon wieder den Ameisenbären im Arm!

»Toni langweilt sich in seinem Gehege!«, erklärte Lu, bevor Liv etwas sagen konnte. »Und hier sind wenigstens wir beide – und Carlo. Der darf schließlich auch hier sein.«

Wie aufs Stichwort schwang der kleine Affe sich durchs Fenster. Er stürzte sich auf Livs Bett und schnappte ihr das Buch aus der Hand. Dann lehnte er sich an die Wand und blätterte darin herum.

»Machst du mich etwa nach?«, rief Liv empört und lachte. Carlo war echt ’ne Nummer! Jetzt kreischte er, als würde er über seinen eigenen Streich lachen.

Lu lag auf dem Boden und sah dem kleinen Ameisenbär zu, wie er versuchte eine Ameise zu fangen. Die Zunge glitschte aus dem Maul, verfehlte das Insekt aber um mehrere Zentimeter.

»Das musst du aber noch üben, Toni«, sagte Lu.

»Seine Mutter wird ihm das beibringen«, mischte Liv sich ein. »Deshalb müssen wir sie auch möglichst bald finden.«

Sie kletterte von ihm Bett hinunter.

Lu legte gleich schützend ihre Arme um den Kleinen.

»Das kann er auch von mir lernen, guck!«, antwortete Lu wütend. Mit rausgestreckter Zunge krabbelte sie auf die Ameise zu.

Im letzten Moment konnte Liv ihre Schwester daran hindern, das Insekt zu schlucken.

»Wie soll er das denn lernen?«, beschwerte sie sich.

Liv drückte sie fest an sich.

»Komm, wir bringen ihn wieder nach unten«, sagte sie dann. »Noch braucht er ja hauptsächlich Milch.«

Als die beiden Schwestern Toni wieder ins Gehege gesetzt hatten, waren auch Rick und die dazugestoßene Alina bereit für die nächste Suchaktion.

»Jetzt geht's auf den Aussichtsturm«, rief Rick mit neuer Kraft. »Mit dem Fernglas können wir von da oben fast bis Chile schauen.«

Alina schmunzelte. »Ja, ganz bestimmt«, gab sie Rick recht. »Aber ich habe das Fernglas nirgendwo gefunden. Vielleicht haben wir es durch die Aufregung gestern im Dschungel vergessen?«

Rick sah zu seiner Drohne hinüber. »Kein Fernglas, leerer Akku meiner Drohne. Das ist ja wie verhext. Hmmm …«, knurrte er.

Beim Aussichtsturm angekommen machten sie die nächste merkwürdige Entdeckung: Die Leiter war verschwunden.

Liv war sich nun vollkommen sicher: Irgendetwas ging hier ganz und gar nicht mit rechten Dingen zu.

Kapitel 8

Ausflug auf dem Amazonas

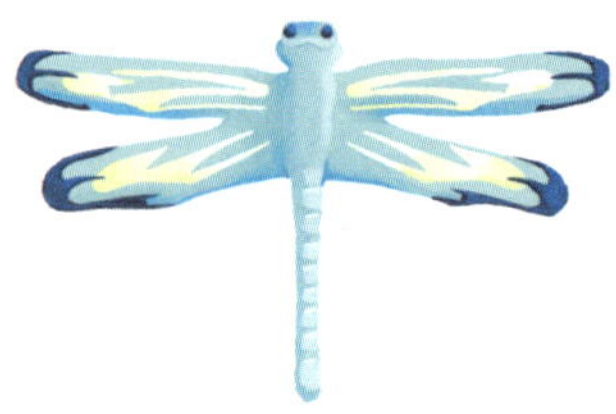

Rick war stinksauer. Er hatte sich ein wenig vor Alina wegen des leeren Drohnen-Akkus geschämt. Das merkte Liv ihm jetzt an. Dabei war mittlerweile klar, dass es nicht seine Schuld gewesen war.

»Mamá!«, rief er, als sie zum Baumhaus zurückkehrten. »Jemand sabotiert unsere Suche!«

Sofia hatte sich einen Schreibtisch unter dem Baumhaus aufgebaut. Hier im Schatten war es angenehm kühl. So arbeitete ihre Mutter am liebsten: mitten in der Natur.

»Genau!«, bestätigte Alina. »Das Fernglas ist weg.«

Liv nickte. »Die Leiter vom Turm auch.«

»Und mein Akku ist leer!«, japste Rick außer Atem.

Nur Lu schwieg.

Sofia schaute von ihren Messungen auf.

»Aye, por Dios!«, sagte sie. »Du liebe Güte. Bitte doch nicht alle gleichzeitig. Wie wäre es, wenn ihr euch erst mal erfrischt.«

Sie griff hinter sich und stelle eine Kanne aus Glas auf den Tisch. Darin war eine goldene Flüssigkeit mit einer Handvoll Zitronenscheiben.

»Oder mag etwa jemand meinen selbst gemachten Eistee nicht?«

Liv lief sofort das Wasser im Mund zusammen. Jetzt erst merkte sie, wie durstig sie war. Und alle anderen ebenfalls. Jeder trank zwei Gläser leer. Danach erzählte Rick endlich in Ruhe die Geschichte.

»Ich weiß ja schon, was passiert ist«, sagte Lu. »Da brauche ich nicht noch mal zuzuhören. Ich gehe solange zu Toni.«

Bevor jemand etwas sagen konnte, war Lu verschwunden.

Sofia hörte sich an, was ihr Sohn berichtete.

»Akku, Leiter und Fernglas«, bestätigte sie anschließend. »Das ist wirklich ein Zufall zu viel.«

Einen Moment lang dachte sie nach.

»Die Sache ist doch wohl eindeutig, Mamá!«, schimpfte Rick. »Das war auf jeden Fall ...«

Bevor Rick einen Namen sagen konnte, legte Sofia ihrem Sohn den Finger auf den Mund.

»Nicht so schnell mit Beschuldigungen«, mahnte sie. »Was einmal ausgesprochen ist, kann man nicht mehr zurückholen. Und dann tut es dir vielleicht leid.«

Rick biss sich auf die Unterlippe. Aber er nickte.

»Ich habe eine hervorragende Idee«, rief Sofia dann. »Wir lassen die Suche für heute sein. Stattdessen machen wir einen Ausflug! Was haltet ihr davon?«

»Oh ja!« Liv klatschte begeistert in die Hände. Wenn ihre Mutter einen Ausflug plante, war das nie langweiliges Zeug. Es machte immer irre Spaß und waren ganz besondere Tage. »Wohin denn?«, wollte sie deshalb gleich wissen.

Aber wie immer lächelte Sofia nur geheimnisvoll.

»Lasst euch überraschen«, flüsterte sie und riss dabei ihre dunklen Augen weit auf. »Seid in zwanzig Minuten alle unten am Fluss. Und bringt auch Papa mit!«

Gespannt bis in die Haarspitzen stand Liv bereits nach einer Viertelstunde am Treffpunkt. Ihr Vater kam kurz darauf mit Lu. Rick war der Letzte.

»Wo bleibt Mamá?«, wollte Lu nach einer Weile wissen.

In diesem Moment hörten alle das Brummen. Sofia hatte das Motorboot von Doktor da Silva ausgeliehen. Damit schipperte sie nun auf ihre Familie zu.

»Alle an Bord!«, rief sie wie eine richtige Kapitänin. Über den Steg der Tierpflegestation liefen Liv, Lu, Rick und Jamie zu ihr. Rick hob Lu über die Reling. Liv kletterte ihnen hinterher. Jamie sprang zu ihnen und stieß das Schiff mit einem kräftigen Stups ab. Die ersten Minuten sagte niemand ein Wort. Matteo hatte den leisesten Motor eingebaut. So waren die Geräusche des Dschungels gut zu hören und keine Tiere wurden erschreckt. Staunend blickte Liv sich um. Vom Fluss aus entdeckte sie ganz neue Sachen.

»Der Regenwald ist in Stockwerke aufgebaut, wie bei einem Hochhaus, in denen ganz verschiedene Tiere und Pflanzen leben«, erklärte Sofia beim Vorbeifahren. »Die Pflanzen ganz unten kennt ihr vom Sehen. Sie haben so große Blätter, damit sie wenigstens etwas Sonnenlicht auffangen können. Dort leben Gürteltiere, Nagetiere, Ameisen, Vogelspinnen und die Raubkatzen.«

»Und Ameisenbären!«, unterbrach Lu ihre Mutter.

Sofia lächelte. »Genau, die können auch schlecht klettern.«

Dann zeigte sie ein Stückchen höher. »Das zweite Stockwerk geht von einem bis acht Metern Höhe«, redete Sofia weiter. »Dort gibt es Büsche, Farne und kleine Palmen. Hier halten sich Kolibris auf, Blattschneiderameisen und viele Schlangen.«

»Da ist eine!«, rief Jamie. Auch Liv hatte die grüne Schlange erkannt. Sie kringelte sich um einen dicken Ast in ungefähr fünf Metern Höhe.

»Das ist eine Hundskopfboa, die lebt gerne in Bäumen.«

Lu schüttelte sich.

»Nächstes Stockwerk, bitte«, bettelte sie. »Und jetzt wieder was mit knuddeligen Tieren.«

Sofia lachte. »Also, mir gefallen Schlangen«, meinte sie. »Das dritte Stockwerk geht von acht bis zwanzig Metern Höhe. Hier haben kleine Bäume ihre Kronen, wie Gummibaum und Kakaobaum. Dort halten sich besonders gerne Frösche auf und auch Nasenbären. Knuddelig genug?«

Lu nickte begeistert.

»Frösche so hoch oben?«, wunderte Rick sich. »Brauchen die kein Wasser?«

Jamie lachte. »Oh, doch«, sagte er. »Wasser finden sie in den riesigen Blüten. Die sind wie kleine Swimmingpools.«

Sofia zeigte auf zwei Affen, die gerade über ihre Köpfe hinweg von einem Baum zum anderen sprangen – quer über den Fluss.

»Die meisten Tiere leben allerdings ganz oben, im vierten Stock«, fuhr sie fort.

»Brüllaffen, Baumsteigerfrösche, Papageien, Fledermäuse und ...« Sofia sah Lu an. »... auch Faultiere.«

Wie erwartet grinste Lu breit.

»Faultiere!«, jauchzte sie. »Die sind großartig! Fast so süß wie Ameisenbären. Aber nur fast.«

Sofia lachte. »Ganz oben ragen dann noch einzelne Urwaldriesen aus dem Blätterdach heraus«, beendete sie ihren kleinen Vortrag. »Sie sind oft über hundert Jahre alt, in ihren Kronen leben viele Vogelarten und einige Schmetterlinge. Weil sie so hoch liegen, ist über den vierten und fünften Stock noch gar nicht viel bekannt.«

Liv spürte, wie ihr Herz schneller schlug. »Das können wir ja erforschen, wenn wir größer sind«, fand sie.

Jamie nickte. »Ihr wisst ja nun schon eine ganze Menge, Dank eurer Mamá«, sagte er.

Sofia drehte am Steuer und bog mit dem Boot in einen schmalen Seitenarm des Flusses ein. Hier war es dunkler. Über ihnen bildeten die Äste der Bäume ein richtiges Dach.

»Aber eigentlich wollte ich euch nicht die Tiere dort oben zeigen«, flüsterte Sofia geheimnisvoll. »Sondern eine ganz besonders tolle Art im Wasser.«

Lu machte große Augen, Liv hielt die Luft an und selbst Rick wartete gespannt.

Endlich verkündete Sofia das Ziel des heutigen Ausflugs.

»In diesem Arm des Amazonas gibt es ...« Sofia holte noch einmal tief Luft. »... eine Herde Seekühe.«

Kapitel 9

Mütter und Kinder

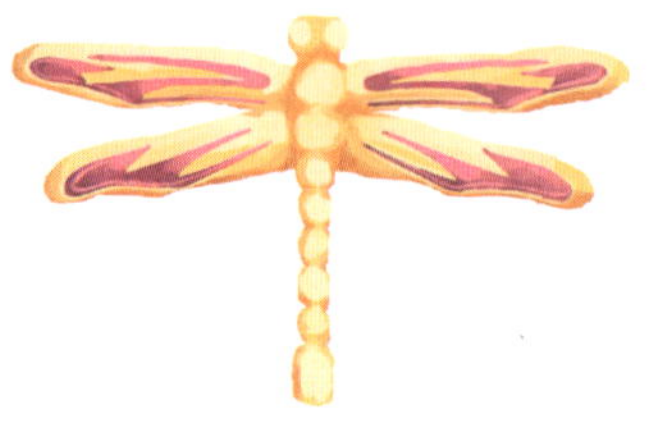

Liv war aufgeregt, wie schon lange nicht mehr. Dank der Arbeit ihrer Mutter hatte sie schon so einiges gesehen. Doch eine Seekuh noch nie. Sie hatte viel über diese ganz besonderen Tiere gelesen. Seekühe waren unglaublich friedlich und sehr gesellig. Sie lebten in kleinen Familien von vier bis acht Tieren. Manchmal versammelten sich aber auch tausend Seekühe. Anders als Robben konnten sie sich an Land nicht fortbewegen. Seekühe verbrachten ihr ganzes Leben im Wasser. Und nun ... nun sollte Liv tatsächlich welche sehen!

»Die Überraschung ist dir gelungen, Mamá!«, freute Liv sich.

Sofia lächelte. Mit ihrer Liebe für die Natur und alle ihre Lebewesen hatte sie Liv, Rick und Lu schon lange angesteckt.

»Dann hoffen wir mal, dass sie auf Besuch eingestellt sind«, sagte Sofia. »Zum Glück sind Seekühe sehr neugierig und kein bisschen scheu.«

Nur Rick ärgerte sich ein bisschen. »So ein Mist, jetzt habe ich ausnahmsweise meine Kamera am Baumhaus gelassen«, grummelte er. »Ich habe gedacht, wir machen ein Picknick oder so was.«

Jamie lachte. »Da kennst du deine Mutter aber schlecht«, sagte er. »Ein Ausflug ohne Tierbeobachtung ist für sie doch kein Ausflug!«

Zum Glück hatte Jamie seine Kamera dabei und lieh sie seinem Stiefsohn gerne.

»So, nun kommen wir langsam sozusagen in ihr Wohnzimmer«, verriet Sofia. Sie ging zum Bug und schaltete den Motor aus. »Wir wollen diese sanften Tiere ja nicht erschrecken.«

Langsam wippte das Boot mit der Strömung den Fluss hinunter. Liv, Lu und Rick beobachteten gebannt das Wasser. Sie entdeckten jede Menge Fische und Frösche. Doch eine Seekuh ließ sich nicht blicken.

»Da!«, rief Lu plötzlich. Rick riss sofort die Kamera herum. Lu zeigte auf eine Stelle links vom Boot. Tatsächlich kräuselte sich dort die Wasseroberfläche. Etwas kam direkt auf sie zu. Etwas Großes. Lu zuckte zurück.

»Himmel!«, rief sie erschrocken.

Jetzt erkannte Liv, was es war: Nur einen Meter von ihrem Boot entfernt glitt eine riesige Schlange durch das bräunliche Wasser. Sie war mindestens so lang wie drei Erwachsene.

»Wow!«, staunte Jamie und pfiff durch die Zähne. »Das ist eine Anakonda, und was für ein Prachtexemplar. Sie ist nicht giftig, keine Angst. Eine Anakonda erwürgt ihre Beute.«

Rick lächelte verschmitzt. »Oh, das ist ja super«, murmelte er hinter der Kamera. »Ich fühle mich gleich viel besser.«

Jamie lachte und winkte ab. »Uns frisst sie nicht … glaube ich.« Er grinste breit. »Wir schmecken nicht gut, das weiß sie.«

Lu kicherte und auch Rick entspannte sich etwas.

Sofia umarmte ihren Mann.

»Zur Not verteidige ich dich«, versprach sie und lachte. »Ich kann dich nämlich noch gut gebrauchen.«

Liv spähte weiter über das Wasser. Und da, endlich!

Zehn Meter vor ihnen tauchte ein eckiger Kopf aus dem Wasser auf. Er sah einem Nilpferdkopf ähnlich, nur ohne die Ohren. Kurz blähten sich die Nasenlöcher auf, dann tauchte das Tier wieder ab.

»Habt ihr das gesehen?«, wollte Liv aufgeregt von ihren Geschwistern wissen.

Beide schüttelten die Köpfe. Es war so schnell gegangen.

»Gleich dort vorne!«, sagte Liv ganz leise zu den anderen und zeigte auf die Stelle.

Jamie stieß ein Ruder in den Flussboden und hielt das Boot an.

»Na, schauen wir mal, ob sie sich uns noch einmal zeigen will«, sagte er.

Gebannt blickten alle fünf Palmers auf den Fluss. Das Flusswasser war nicht klar genug, um tief unter die Oberfläche zu blicken. Dann aber begannen die Wasserpflanzen am Schiffsrumpf zu wackeln. Und *Schwupps!* war ein großer Teil von ihnen unter Wasser verschwunden.

»Das war garantiert eine Seekuh«, flüsterte Sofia und nahm Lu auf den Schoß. So konnte ihre Kleine besser sehen.

Liv war ebenfalls aufgeregt. Ihre Wangen waren ganz rot.

Sie warteten und warteten. Und warteten. Doch nichts tat sich. Als Liv schon aufgeben wollte, streckte plötzlich eine Seekuh ihren Kopf aus dem Wasser und atmete prustend. Dann machte sie sich gierig über die restlichen Pflanzen her.

Und da bemerkten die Palmers die eigentliche Sensation:

Zwei Seekuh-Babys reckten ihre Köpfchen links und rechts vom Boot aus dem Wasser. Liv konnte ganz deutlich ihre Knopfaugen sehen.

»Wie süüüüüüß!«, quietschte Lu laut und schlug prompt die Hände vor den Mund. Doch die Seekühe erschreckten sich nicht. Neugierig schauten sie die Menschen an – die genauso neugierig zurückblickten.

»Seekühe bekommen normalerweise nur ein Kälbchen«, erklärte Sofia. »Aber wie ihr seht, kann sich eine Mutter auch um zwei Kinder kümmern.«

Rick filmte jede Bewegung der drei Seekühe. »Seekuh-Zwillinge, wie krass! Meine Fans werden das lieben!«, flüsterte er konzentriert. »Das Video wird der Hammer!«

Nun konnte Liv auch den Rest des Muttertiers sehen. Ihr Herz machte einen Extra-Hopser, so toll war dieser Moment. Die Seekuh war etwa drei Meter lang. An den Seiten hatte sie zwei kleine Flossen und am Schwanz eine große runde. Der Körper war etwa so geformt wie bei einem See-Elefanten. Und die beiden Babys wuselten ständig um sie herum.

»Die drei sehen glücklich aus, findet ihr nicht?«, sagte Sofia. Dabei sah sie besonders zu ihrer kleinsten Tochter.

»Wenn sie bei ihrer Mutter sind, haben die Kleinen alles, was sie brauchen.«

Lu zog ein wenig ihre Nase kraus. Liv wusste, dass ihre Schwester in diesem Augenblick über Toni nachdachte.

»Aber wenn die Mutter verschwunden wäre, könnte ich die zwei doch aufziehen, oder?«, fragte sie vorsichtig nach.

Sofia legte ihre Arme um Lu.

»Das würdest du bestimmt gut machen«, bestätigte sie. »Aber ersetzen können wir Menschen die richtige Tierfamilie nun mal nicht.«

Lu wiegte den Kopf hin und her. Schließlich nickte sie aber.

Liv sah ins Wasser. Die beiden Babys planschten um ihre Mutter herum. Sie stupsten sie mit ihren Köpfchen an, tauchten unter ihr durch und schmusten richtig mit ihr. Dann passierte etwas, das Liv nie in ihrem Leben vergessen würde: Als ihre beiden Babys ruhig vor ihr auf und ab paddelten, rieb die alte Seekuh ihr Gesicht an den Nasen ihrer Kinder. Das sah so liebevoll aus, dass Liv ganz warm ums Herz wurde.

Auch Lu sah ihnen still zu. Nach einer Weile seufzte sie tief.

»Toni sollte auch wieder eine Mama haben«, sagte sie. »Ich kann ja nur ein bisschen mit ihm schmusen. Aber richtig gut geht es ihm nur in Freiheit bei anderen Ameisenbären.«

Sofia lächelte und drückte Lu fest an sich.

»Da hast du vollkommen recht, meine Süße«, lobte sie. »Auch dein Toni ist ein Lebewesen und kein Kuscheltier.«

Auf dem Rückweg steuerte Jamie das Boot.

Sofia saß mit Lu hinten auf der Bank. Lu kuschelte nun mit ihr. Der Gedanke, sich von Toni wieder zu trennen, war

schwer für sie. Aber sie schien es endlich eingesehen zu haben. Jedenfalls verschwand sie mit sehr nachdenklichem Gesicht im Baumhaus.

Liv hätte zu gerne gewusst, was da im Kopf ihrer kleinen Schwester vorging. Und dann wäre sicher alles ganz anders gekommen ...

Kapitel 10

Schock am Morgen

Als Liv am folgenden Tag aufstand, fand sie das Bett unter sich leer.

Das war nichts Besonderes. Lu hüpfte ja oft sofort nach dem Aufwachen aus dem Zimmer.

Doch mehr als ungewöhnlich war, dass Lu nicht zum Frühstück erschien. Lu aß für ihr Leben gern, vor allem die leckeren frischen Früchte des Urwalds.

»Bestimmt ist sie wieder bei den Tierkindern in der Pflegestation und hat die Zeit vergessen«, vermutete Liv am Frühstückstisch. »Ich gehe sie rasch holen.«

Ihre Eltern nickten. Ihnen war das gemeinsame Essen sehr wichtig.

In der Station angekommen, setzte Livs Herz kurz aus. So schnell Liv konnte, rannte sie zum Tisch zurück.

»Toni ist weg!«, rief sie atemlos. »Und das Tor von seinem Gehege steht weit auf!«

Sofia sprang so heftig von ihrem Stuhl auf, dass ihre Kaffeetasse umkippte.

»*Aye, por Dios!* Lu muss ihn mitgenommen haben! Was ist nur in dieses Kind gefahren!«, rief sie. »Ist sie etwa mit ihm in den Dschungel gegangen?! Das würde sie nicht, oder?«

Jamie war nicht weniger aufgeregt.

»Lasst uns alles absuchen«, beschloss er.

Das taten sie. Doch keine Spur von Lu.

»Im Baumhaus ist sie nicht«, bestätigte Liv.

»Und am Aussichtsturm auch nicht«, berichtete Rick.

Genau wie Liv machte sich auch ihr Bruder große Sorgen. Lu war ein richtiger Dickschädel. Wenn sie sich etwas in den Kopf gesetzt hatte, dann tat Lu das auch. Oft, ohne groß über die Folgen nachzudenken.

Auch Alina und Matteo hatten keine gute Nachricht. In der Station und im Krankenzimmer waren Lu und Toni ebenfalls nicht. Tonis Gehege blieb leer.

Sofia Palmer war eine Frau, die nichts so schnell aus der Ruhe bringen konnte. Sie hatte mit Haien getaucht und war auf Elefanten geritten. Doch wenn es um ihre Kinder ging, war das anders.

»Lu ist mit Toni in den Dschungel gelaufen, damit sie mit ihm zusammenbleiben kann«, war sie sich nun sicher. »Ein vierjähriges Mädchen alleine in der Wildnis …«

Sofia bekam vor lauter Sorge kaum Luft.

»Ausschwärmen!«, kommandierte sie mit zittriger Stimme. »Jetzt durchkämmen wir den ganzen Wald. Weit kann sie noch nicht gekommen sein.«

Doktor da Silva schüttelte den Kopf.

»Nein«, widersprach er. »Ich habe eine bessere Idee: Wir bitten Amaru und Magaly um Hilfe. Die zwei sind die besten

Spurenleser ihres Dorfes. Sie werden Lu schneller finden als wir.«

Sofia und Jamie waren natürlich einverstanden. Doch es gelang ihnen nicht, Amaru oder Magaly zu erreichen. Die Stimmung wurde immer mulmiger. Sofia lief auf und ab, flocht und entflocht dabei immer wieder ihren Zopf.

Nachdem alle fix ihre Wasserflaschen gefüllt hatten, leitete Alina den kleinen Suchtrupp in den Urwald. Ein schmaler Pfad führte von der Tierstation zum Dorf. Den ganzen Weg über drückte Liv fest die Daumen. Und es half! Amaru war zu Hause.

Er ließ sofort alles stehen und liegen, um den Palmers bei der Suche zu helfen. Auch Magaly machte mit.

»Am besten gehen wir wieder zurück zum Baumhaus und starten von dort, wie auch Lu«, schlug Amaru vor. »Tiere habe ich ja schon viele verfolgt, aber ein Detektiv war ich noch nie.«

Auf dem Weg zurück hielten alle weiter Ausschau nach Lu. Vielleicht hatte sie sich hier irgendwo zum Ausruhen hingelegt? Doch so sehr Liv sich auch anstrengte, sie konnte ihre Schwester nicht entdecken.

Amaru und Magaly blieben an jedem geknickten Ast, vor

jedem Abdruck im Boden stehen. Sie befühlten alle Bruchstellen mit ihren Fingerspitzen. Dann schüttelten sie jedes Mal die Köpfe.

»Ein Jaguar«, erklärte Amaru. Oder: »Ein Tapir.«

Zurück im Camp betete Liv, dass Amaru und Magaly einen neuen Hinweis entdeckten. Dann sagte Amaru die erlösenden Worte:

»Diese Spuren hier sind ganz frisch«, rief er plötzlich von Tonis Gehege aus. Sofort umringten ihn alle Palmers, Alina und Matteo. Liv sah, wie sich die Augen ihrer Mutter mit Tränen füllten. Dabei ballte Sofia ihre Fäuste.

»Hier geht die Spur weiter«, entdeckte Magaly. »Sie führt … zum Baumhaus?«

Nach zwei Schritten stoppte Magaly. »Merkwürdig«, murmelte sie dann. »Diese Spur ist auch frisch, sie führt in die Gegenrichtung. Und diese hier auch. Lu ist heute Morgen mehrmals vom Baumhaus zu den Gehegen gelaufen.«

Amaru nickte. Liv konnte sehen, wie stolz er auf seine Tochter war.

»Sehr gut beobachtet, Magaly«, lobte er. »Und was fällt dir an den Spuren noch auf?«

Magaly musste nicht lange überlegen.

»Die Spuren zum Baumhaus hin sind alle ein wenig tiefer«, erklärte sie den anderen. »Lu hat immer irgendetwas getragen.«

Nun hielt Sofia es nicht länger aus.

»Aber wo ist sie?«, fragte sie.

Amaru lief ums Baumhaus herum. Die Spur führte nicht zur Leiter, sondern zu den Felsen ein ganzes Stück hinter dem Baumhaus. Büsche und Pflanzen hatten sie verborgen.

Als sie näher kamen, hörte Liv ihre Schwester quietschen. Oh nein! War ihr etwas passiert?

»Lu!«, rief Sofia und lief gleich los. Liv, Rick, Jamie und die anderen folgten ihr.

Als Liv ihre Schwester entdeckte, fing sie an zu lachen.

Lu hockte im Gras. Um sie herum wuselten Toni und Louise, das andere Ameisenbärenbaby. Auch Louises Mutter war bei ihnen. Außerdem sprang Carlo um sie herum. Liv wunderte sich, wieso keiner von ihnen gemerkt hatte, dass Carlo und die anderen Tiere auch verschwunden waren.

»Guten Morgen!«, jauchzte Lu und strahlte ihre Familie an. »Wir spielen Vater, Mutter, Kinder. Carlo ist der Vater,

die Mutter ist die Mutter und Toni und Louise sind die Kinder. Na, und ich bin die Aufpasserin im Kindergarten. Die vier machen echt eine Menge Unfug.«

Bevor Lu noch mehr erzählen konnte, schnappte Sofia sich ihr kleines Mädchen. Wie ein Kettenkarussell ließ sie Lu durch die Luft fliegen.

»*Mi tesoro!* Mein Schatz, endlich habe ich dich wieder!«,

rief Sofia und setzte Lu ab. »Wir dachten schon, du wärst mit Toni in den Dschungel gelaufen?«

Lu schüttelte empört den Kopf.

»In den Dschungel gelaufen?«, wiederholte sie. »Niemals! Das ist für Tierbabys ohne Mutter doch viel zu gefährlich! Was glaubt ihr denn? So dumm bin ich nicht – ich bin schließlich die Aufpasserin!«

Jamie, Rick und Liv fingen an zu lachen.

Doktor Matteo da Silva sagte lange nichts. Er betrachtete nur die Ameisenbärmutter und die beiden Babys.

»Die verstehen sich außergewöhnlich gut«, murmelte er in sich hinein. »Es kommt in der Natur zwar selten vor, aber vielleicht adoptiert diese Mutter hier auch ein zweites Baby, weil sie so lange in der Auffangstation war.«

Lu verkniff das Gesicht. Liv glaubte zuerst, ihre Schwester würde schimpfen oder protestieren. Doch das Gegenteil war der Fall.

»Puuuh! Das ist toll!«, jubelte Lu. »Dann hat Toni eine neue Mutter, so wie Rick einen neuen Vater hat!«

Rick grinste schief. »Ich habe zwei Väter, aber sonst stimmt's«, fand er.

Sofia und Jamie bedankten sich tausendmal bei Amaru und Magaly.

»Ohne euch hätten wir sie nicht so schnell gefunden«, sagte Sofia. »Und uns noch stundenlang Sorgen gemacht.«

Jamie nickte.

»Tut uns leid wegen der Aufregung, Amaru. Lu war eigentlich gar nicht weit weg«, fügte er hinzu.

Amaru schüttelte den Kopf.

»Kein Problem, Jamie«, antwortete er. »Ich weiß, wie das ist. Magaly hat auch so einiges angestellt. Aber am Ende ging immer alles gut. Genau wie bei euch.«

Magaly sagte nichts. Sie streckte ihrem Vater nur die Zunge raus.

Kapitel 11

Eine bärig-gute Idee

Ein paar Tage vergingen, dann fand die kleine Abschiedsfeier für die Palmers statt. Es wurde Zeit, weiterzureisen. Alina und Rick bauten ein richtiges Buffet für alle auf. Dafür hatten sie mit Magaly im Wald die süßesten Früchte gesammelt. Manche hatte Liv auch schon in Chile in Geschäften gesehen und gegessen. Andere waren ihr völlig unbekannt.

Dazu gab es Salat und jede Menge Maisbrot. Und natürlich Geschichten.

Als alle Teller gefüllt waren, erzählte Matteo seine schönsten Erlebnisse mit den Tieren seiner Station. Alle hatten sich nach kurzer oder langer Zeit in seiner Pflege wieder auswildern lassen. Manche waren noch eine Zeit lang zu Besuch gekommen. Andere hatte der Tierarzt nie wieder gesehen, und das war auch gut so.

»Nur dieser kleine Racker hier, den werden wir wohl nie los«, scherzte Matteo und zeigte auf Carlo. Der kleine Affe hatte gerade eine Banane vom Tisch stibitzt. Nun flitzte er in den Schatten unterm Tisch und kreischte begeistert.

Alle lachten mit ihm.

»Ob Tonis richtige Mutter wohl noch lebt?«, wollte Rick wissen.

Amaru legte den Kopf schief. »Wahrscheinlich nicht«, musste er zugeben. »Sonst hätten wir sie bei unseren Suchaktionen gefunden.«

Eine Weile aßen alle schweigend weiter. Die Natur war manchmal grausam, aber sie hatten zum Glück eine ganz besondere Lösung für Toni gefunden.

Nach dem Essen untersuchte der Tierarzt die Ameisenbärin noch ein letztes Mal. Dabei standen alle um ihr Gehege herum. Das Tier war wieder vollkommen gesund. Die beiden Babys drängten sich bei der Untersuchung dicht an die Mutter. Sie hatte Toni tatsächlich als Findelkind akzeptiert und säugte den Kleinen sogar. Toni genoss es sichtlich, und niemand musste ihm die Zunge zur Seite halten.

»Lu, nun darfst du die kleine Familie in die Freiheit entlassen«, sagte Matteo feierlich. »Dir haben wir zu verdanken, dass die drei sich gefunden haben.«

Lu nickte. Sie öffnete das Gatter und hielt es auf, wie ein Diener einer Königin.

»Okay, ihr drei«, sagte sie. »Es war schön, euch kennengelernt zu haben. Ich hätte dich gerne für immer behalten, Toni. Aber das geht nicht. Du bist kein Spielzeug. Und ein Tierbaby ist nirgendwo so gut aufgehoben wie in Freiheit bei einer Familie.«

Die Ameisenbärin sah Lu an, als hätte sie jedes Wort verstanden. Die beiden Kleinen kletterten auf ihren Rücken. Dann stapfte das Tier mit festen Schritten an den Menschen vorbei.

Lu schluchzte ein wenig und biss sich auf die Unterlippe. Aber Liv konnte sehen, dass sie sich auch für die Tiere freute. Sie waren alle drei gesund, und mit etwas Glück würden sie noch lange im Dschungel leben können. Dort, wo sie hingehörten. Liebevoll legte sie ihrer Schwester den Arm um die Schulter.

Rick verfolgte sie noch eine Weile mit der Drohne. Auch dieser Film würde wieder ein echter Hammer werden, da war er sich sicher.

»Puh, was für aufregende Tage«, stöhnte Sofia, als die kleine Tierfamilie im Dschungel verschwunden war. Zum Glück hatte sie wieder ihren berühmten Eistee gemacht. Damit fiel auch Lu der Abschied ein bisschen leichter.

Die Palmers saßen noch lange mit ihren Freunden zusammen. Als die Sonne bereits hinter den Wipfeln der Baumriesen verschwand, stellte Matteo sein Glas ab.

»Nicht nur Lu hat etwas gelernt«, verkündete er. »Sondern auch ich.«

Alle sahen ihn verdutzt an. Auch Liv wunderte sich. Der Tierarzt wusste doch wirklich alles über Tiere. Was konnte er Neues erfahren haben?

»Jamie, ohne deine Hilfe wäre hier in den letzten Wochen

alles zusammengebrochen«, redete Matteo weiter. »Ich dachte immer, ich könnte alles alleine schaffen. Aber das geht nicht. Wenn ich meine Arbeit gut machen will, brauche ich Hilfe.«

Jamie nickte. »Das glaube ich auch, nur kann ich nicht für immer bleiben«, sagte er. »Sofia arbeitet überall auf der Welt, und ich will sie weiterhin begleiten. Obwohl ich mich richtig in diesen Ort verliebt habe.«

Doktor Matteo da Silva grinste.

»Ich weiß, mein Freund«, antwortete er. »Aber gegen Sofia hat selbst der Amazonas mit seinen tollen Pflanzen und Tieren keine Chance. Deshalb habe ich an Amaru und Magaly gedacht. Wenn wir unser gemeinsames Wissen zusammentun, können wir den Tieren des Dschungels noch viel mehr helfen. Möchtet ihr mit auf der Station arbeiten?«

Amaru war verblüfft. Die Frage hatte er nicht erwartet.

»Dir helfen, Matteo?«, sagte er nach kurzem Nachdenken. »Das ist doch keine Arbeit – das wäre eine große Ehre für mich.«

Als auch Magaly nickte, klatschte Matteo begeistert in die Hände. Anschließend umarmte er die beiden herzlich.

»Dann haben wir ja noch einen Grund zum Feiern!«, rief

Jamie. Rick holte seine Gitarre aus dem Haus und begann zu singen. Zum Glück keine Weihnachtslieder.

Danach spielte Amaru ein paar Lieder. Liv konnte die Texte nicht verstehen, aber Musik verstand man zum Glück überall auf der Welt. So vergaßen alle den Trubel und es wurde ein superlustiger Abend.

Als Liv spät in der Nacht die Leiter des Baumhauses hochkletterte, schlief Lu bereits. Sie hatte ihr Kuscheltier im Arm und lächelte im Traum. Liv freute sich beim Anblick ihrer kleinen Schwester. Lu war wieder glücklich. Der Abschied von Toni hatte ihr nicht das Herz gebrochen. Wie durch ein Wunder hatte Liv auch das Fernglas wiedergefunden, und den Platz entdeckt, wohin die Leiter zum Turm verschwunden gewesen war. Lu hatte dabei etwas schuldbewusst ausgesehen, und Liv und Rick waren sich sicher, dass ihre kleine Schwester die Übeltäterin gewesen war. Doch sie wussten auch, dass Lu es nicht böse gemeint hatte.

Liv sah aus dem Fenster. Der Regenwald am Amazonas war so geheimnisvoll wie jede Nacht. Brüllaffen brüllten, Ochsenfrösche quakten, Tukane klapperten mit ihren Schnäbeln und irgendwo fauchte eine Raubkatze. Es roch nach unbekannten Blumen und Früchten.

Morgen würden die Palmers diesen Ort verlassen und woanders auf der Welt Abenteuer erleben. Doch diesen Fluss, den Dschungel und all seine Bewohner würde Liv nie in ihrem Leben vergessen.

Gut zu wissen: Die Lebenswelt am Amazonas

Was ist der Amazonas?

Der Amazonas ist 6.400 Kilometer lang und damit der zweitlängste Fluss der Welt. Zählt man seine Nebenflüsse mit, läuft er durch neun Länder einmal quer durch den südamerikanischen Kontinent. An seiner breitesten Stelle ist er bis zu 10 Kilometer breit. Gäbe es dort eine Brücke, müsstest du über zwei Stunden laufen, um auf die andere Seite zu gelangen! Während der Regenzeit wärst du allerdings deutlich länger unterwegs. Dann überschwemmt der Fluss nämlich große Flächen neben dem Flussbett und wird bis zu 40 Kilometer breit. Jedes Jahr fließen über 6.000 Kubikkilometer Süßwasser aus der Mündung des Amazonas in den Atlantik. Genug Wasser, um damit 125 mal den Bodensee zu befüllen. Das macht den Amazonas zum wasserreichsten Fluss der Welt – Rekord!

Das Besondere der Regenwälder Südamerikas:

Rund um den Amazonas wächst der größte Regenwald der Welt. Die Pflanzen dort sind immer grün, denn am Äquator gibt es keine Jahreszeiten. Das Klima ist jeden Tag ungefähr gleich: Es ist warm und schwül. Einmal am Tag regnet es. Daher hat der Regenwald seinen Namen. Unter diesen Bedingungen leben am Amazonas mehr Pflanzen und Tiere als irgendwo sonst auf der Welt! Bisher haben Forscher 400 verschiedene Säugetierarten, 1.200 Vogelarten und über 3.000 Fischarten gezählt – es wurden allerdings längst noch nicht alle Arten entdeckt.

Schlaumeierwissen: Regenwälder werden auch *grüne Lunge der Erde* genannt. Denn die Pflanzen, die dort wachsen, produzieren riesige Mengen Sauerstoff. Und den brauchen wir bekanntlich zum Atmen.

Die Pflanzenwelt des Regenwalds ist in Stockwerke aufgeteilt!

Im Regenwald geht es ähnlich zu wie in einem Wohnhaus: In verschiedenen Stockwerken sind unterschiedliche Tiere und Pflanzen zu Hause. Ganz oben in den höchsten Baumwipfeln ist es besonders heiß und sonnig. Dort leben vor allem Schmetterlinge und Vögel wie Tukane und Aras. Einige Meter weiter unten beginnt das dichte Kronendach des Regenwaldes. Es besteht aus Ästen und Blättern, Lianen und Orchideen. Dort tummeln sich Affen, Faultiere, Schlangen und Insekten. Auf dem schattigen, kühleren Waldboden wachsen Moose und Flechten. Dort leben Jaguare, Tapire und auch der Ameisenbär.

Was sind typische Pflanzenarten am Amazonas?

Viele Pflanzen, aus denen wir heute Nahrung und andere wichtige Dinge herstellen, kommen ursprünglich aus dem Regenwald des Amazonasgebietes. Eine davon ist der Kakaobaum. Aus den Früchten des Baumes wird mit Zucker und Milch Schokolade gemacht. Auch der Kautschukbaum stammt aus dem Regenwald. Aus seinem milchigen Saft wird Gummi hergestellt. Daraus werden Autoreifen, Fahrradschläuche und natürlich Gummistiefel gemacht. Die Ernte dieser Naturschätze sollte behutsam geschehen, damit weder Wald noch Tiere Schaden nehmen. Neben diesen bekannten Vertretern wachsen im Regenwald des Amazonas schätzungsweise 40.000 weitere Pflanzenarten!

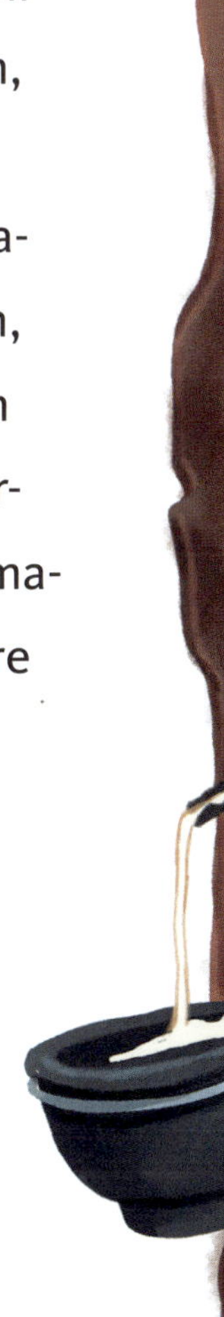

Flachlandtapir

Der Regenwald des Amazonas ist das Zuhause der Flachlandtapire. Die Tiere leben an Land, baden aber auch unheimlich gern. Sie sind sehr gute Schwimmer und können sogar tauchen! Am liebsten mögen Tapire Früchte und Blätter, die sie mit ihrem Rüssel vom Baum zupfen. Sie leisten dabei einen wichtigen Beitrag zum Erhalt der Regenwälder. Wenn sie mit dem Essen fertig sind, hinterlassen sie nämlich hier und da ein Häufchen im Wald. Darin sind unverdaute Samen der Früchte, die sie gefressen haben. Die Samen werden so im ganzen Wald verteilt und wachsen zu neuen Pflanzen heran.

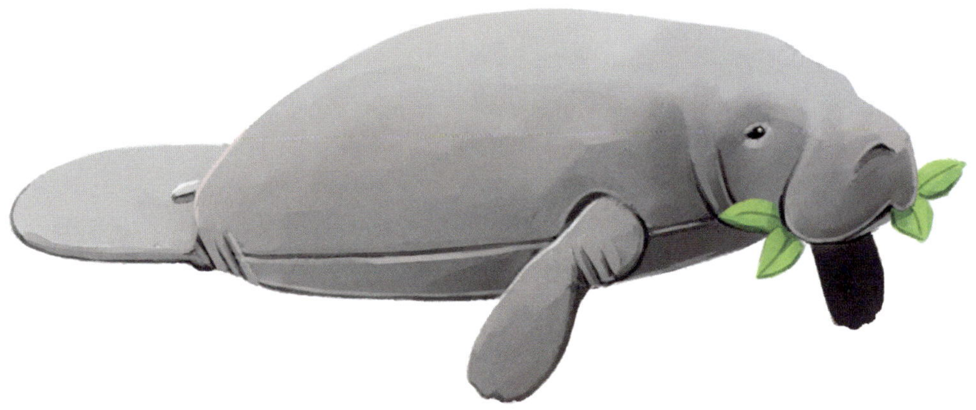

Die Amazonas-Manati (Seekuh)

Wer in den Lagunen und Seen des Amazonas badet, könnte dort ein Amazonas-Manati treffen. Die seltene Seekuh-Art lebt ausschließlich im Süßwasser des Flusses. Du kannst sie an ihrer grauen Farbe und der runden Körperform erkennen. Aber keine Angst: Amazonas-Manatis sind Pflanzenfresser, sie ernähren sich ausschließlich von Wasserpflanzen. Davon futtern sie am Tag bis zu 15 Prozent ihres Körpergewichtes. Ein ausgewachsenes Amazonas-Manati wiegt bis zu 500 Kilogramm und kann entsprechend 75 Kilogramm Pflanzen fressen!

Großer Ameisenbär

Der Große Ameisenbär streift auf der Suche nach seiner Leibspeise durch die Regenwälder des Amazonas: Ameisen! Um die Krabbeltierchen zu verputzen, gräbt der Ameisenbär mit seinen scharfen Krallen ein Loch in den Boden. Dann steckt er seine lange Schnauze hinein und streckt seine klebrige Zunge aus. Daran bleiben die Ameisen einfach kleben. Den Rest des Tages verbringt der Große Ameisenbär, ähnlich wie sein Verwandter das Faultier, am liebsten ruhend.

Jaguar

Mit seinem schwarz gefleckten Fell, dem gedrungenen Schädel und seinen kräftigen Muskeln sieht der gefährlichste Jäger des Regenwaldes ganz schön beeindruckend aus. Jaguare haben aber noch mehr zu bieten: Lange, spitze Eckzähne und ein besonders starker Kiefer helfen ihnen dabei, ihre Beute in Sekunden zu erlegen. Auf der Jagd hilft ihnen auch ihre Geschwindigkeit, denn Jaguare gehören zu den schnellsten Raubkatzen und sind exzellente Schwimmer. Ihr Hauptverbreitungsgebiet, der Amazonas-Regenwald, liegt nicht ohne Grund in Wassernähe.

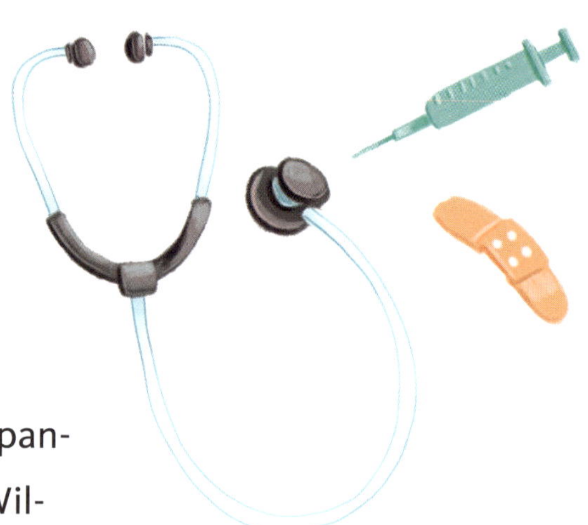

Was sind Tierauffangstationen?

Tapir, Tukan und Co. sind spannende und seltene Tiere. Wilderer versuchen daher, einzelne Tiere aus dem Regenwald zu fangen und verbotenerweise zu verkaufen. Tierschützer im Amazonasgebiet finden so immer wieder verletzte Tiere, die Hilfe benötigen. In Tierauffangstationen werden die Tiere versorgt, gesund gepflegt und anschließend wieder in die Wildnis gebracht. Manche Stationen beobachten außerdem, wie viele Tiere einer Art es noch gibt und ob sie vom Aussterben bedroht ist. Die Tierschützer sorgen mit ihrem Einsatz dafür, dass Tierarten im Regenwald sicher und geschützt leben können. Sie tun alles für den Schutz der Tiere.

Warum benötigen wir Messungen von Luft- und Wasserqualität?

Durch ungefilterte Abwässer von Goldminen und Plantagen gelangen manchmal giftige Stoffe in den Amazonas. Daher wird die Wasserqualität des Flusses von vielen Forschungsstationen überwacht. Durch Wasserproben bestimmen Forscher, ob Giftstoffe im Wasser sind. Auch die Qualität der Luft im Amazonasbecken wird geprüft. Denn durch Waldbrände steigt der Anteil von für Mensch und Tier gefährlichem Feinstaub an. Zur Kontrolle wird mit einem Sensor regelmäßig der Feinstaub-Gehalt der Luft gemessen. Sollte bei den Messungen etwas nicht in Ordnung sein, können Forscher und Einwohner schnell etwas dagegen tun.